LESSON 1

4年の復習 ①

合格15問　　問

1 次の――線の読み方を書きましょう。

① 初めて［　　］　大阪に［　　］　行った。

② 最も［　　］　安全な［　　］　方法を［　　］　考える。

③ 共に［　　］　学び合う［　　］　仲間たち。

④ 相談する　機会を［　　］　失う。［　　］

2 次の漢字を書きましょう。　＊（　）は送りがなも書きましょう。

① □□《おきなわ》と九州を（　　）《むすぶ》航路《こうろ》。

② 静電気を使った□□《じっけん》を（　　）《こころみる》。

③ 友達と□□□《かいすいよく》へ行く□□《やくそく》をした。

④ 時間がないので、くわしい□□《せつめい》を（　　）《はぶく》。

⑤ 子どものすこやかな□□《せいちょう》を（　　）《ねがう》。

答えは89ページ

LESSON 2

4年の復習 ②

正解 18問中 問 合格15問 月 日

1 次の——線の読み方を書きましょう。

① 給食を［　　］ いつも 残さず［　　］ 食べる。

② 夕飯に、［　　］ 魚を［　　］ 焼く。［　　］

③ 教育の［　　］ 重要性を［　　］ 何度も［　　］ 唱える。［　　］

④ 熱い［　　］ お茶を［　　］ 冷まして［　　］ 飲む。

2 次の漢字を書きましょう。

① 船は□□《とうだい》を□□《めじるし》にして進んでいる。

② 母から□□《りょうり》の□□《てじゅん》を教わる。

③ 大きな□《うめ》干《ぼ》しの□《たね》。

④ □□《ぼくじょう》で、馬の赤ちゃんが（　　　）《うまれる》。

⑤ □□《かいぎ》の□□《しかい》を務《つと》める。

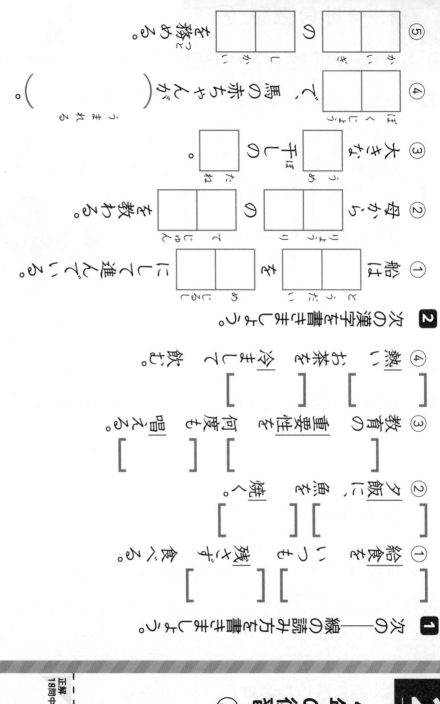

LESSON 3

4年の復習 ③

正解 18問中　合格 15問　問

1 次の――線の読み方を書きましょう。

① 月は 満ちたり、［　］ 欠けたり［　］ する。

② 大臣と［　］ しての 役割《やくわり》を 果たす。［　］

③ あさがおの 発芽を［　］ 観察した。［　］

④ 倉庫に［　］ 商品を 置く。［　］

2 次の漢字を書きましょう。

① しゅうかくした □□《やさい》 の重さを（　　）《はかる》。

② □□《えいよう》 のある食事をして、病気を（　　）《なおす》。

③ □□《もくひょう》 に向かって □□《どりょく》 する。

④ □□□《せんえんさつ》 が □□《いんさつ》 される。

⑤ □□《うみべ》 を二人でゆっくり □□《さんぽ》 した。

答えは89ページ

LESSON 4

4年の復習 ④

正解 18問中　合格 15問　問

月　日

1 次の――線の読み方を書きましょう。

① 具体的な例題を挙げる。
［　　］［　　］

② 春は、出会いと別れの季節だ。
［　　］［　　］

③ 積極的にボランティアに参加する。
［　　］［　　］

④ 漁港近くの民宿に一泊《いっぱく》する。
［　　］［　　］

2 次の漢字を書きましょう。

① ライバルとの（　　）《たたかい》に（　　）《やぶれる》。

② 姉の小学校□□《そつぎょう》を家族で（　　）《いわう》。

③ □□《さくや》から降《ふ》り（　　）《つづく》雨。

④ □□《きょうりょく》して、大きな□《はた》に絵をかいた。

⑤ □□□《はくぶつかん》を□□《あんない》する。

LESSON 5

4年の復習 ⑤

正解 18問中　　問　合格 15問

1 次の——線の読み方を書きましょう。

① 児童［　　］が　連［　　］なって　歩く。

② 鏡［　　］の　前［　　］で、身なりを　改［　　］める。

③ 二世帯住宅《じゅうたく》［　　］を　建［　　］てる。

④ 泣［　　］いて　いた　赤ちゃんが、母親を　見て　笑［　　］う。

2 次の漢字を書きましょう。

① 自分の□□《きぼう》する職種《しょくしゅ》を（　　　）《つたえる》。

② 父が□□《あいよう》している国語□□《じてん》。

③ 工場にあるその□□《きかい》は、とても□□《べんり》だ。

④ □《まご》を大切に（　　　）《やしなう》。

⑤ □□《しゅうまつ》に□□□《かいすいよく》へ行く予定だ。

答えは89ページ

LESSON 6

4年の復習 ⑥

正解 18問中　合格 15問　問　月　日

1 次の――線の読み方を書きましょう。

① 父は、三十年以上[　]郵便局《ゆうびんきょく》で働[　]いている。

② 次の交差点[　]を右折[　]する。

③ 名札[　]に自分で氏名[　]を書く。

④ 来た人から順番[　]に着席[　]する。

2 次の漢字を書きましょう。

① ビルを（　　）《たてる》には、約□□《いっちょう》円が必要だ。

② □□□《えいたんご》をたくさん（　　）《おぼえる》。

③ 山の□□《てんこう》は、とても□□《へんか》しやすい。

④ 運動会の□□□《ときょうそう》で□□《にい》になる。

⑤ □□《じどう》向けの本を（　　）《かりる》。

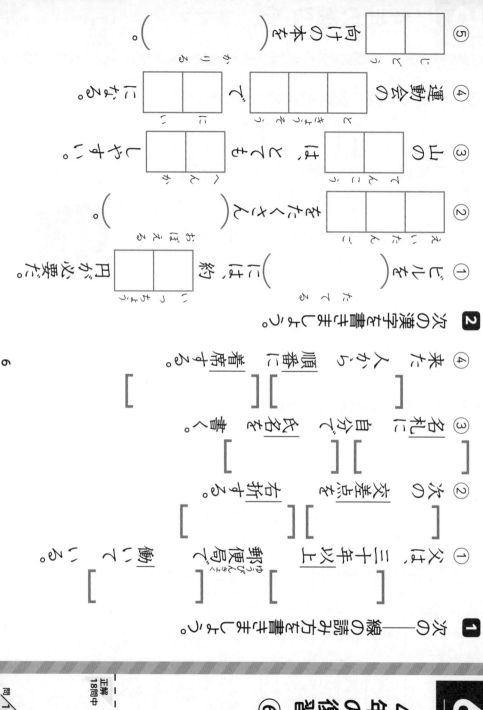

漢字を読もう　仮・価・件・個・似・修

正解12問中　問　合格10問

①ここは仮の住まいだ。［　　］

②作品に仮題をつける。［　　］

③物価の引き下げ。［　　］

④定価の二《に》割《わり》引きだ。［　　］

⑤去年の火事の件数。［　　］

⑥要件を伝える。［　　］

⑦たまごを三個用意する。［　　］

⑧個別に教える。［　　］

⑨意味のよく似た言葉。［　　］

⑩他人の空似だ。［　　］

⑪よい成績《せいせき》を修める。［　　］

⑫時計を修理する。［　　］

チェックポイント

「亻」（にんべん）は、人の様子や行動に関係のあることを表します。

⑪「修める」は「学び習う」、「治める」は「しずめる」という意味です。

答えは89ページ

LESSON 8

漢字を書こう

正解 14問中　合格 11問　　月　日

① □《かり》にそこに置く。

② □《か》値《ち》ある品物。

③ □□《こじん》的な意見。

④ 父に（　　）《にる》。

⑤ □□《こうか》なダイヤ。

⑥ 重要な□□《あんけん》。

⑦ 学問を（　　）《おさめる》。

⑧ □□《こしつ》でねる。

⑨ □□□《にがおえ》。

⑩ □□《ひっしゅう》科目。

⑪ □□《かめん》をかぶる。

⑫ りんごの□□《こすう》。

⑬ 文字を□□《しゅうせい》する。

⑭ □□《じけん》の解決《かいけつ》。

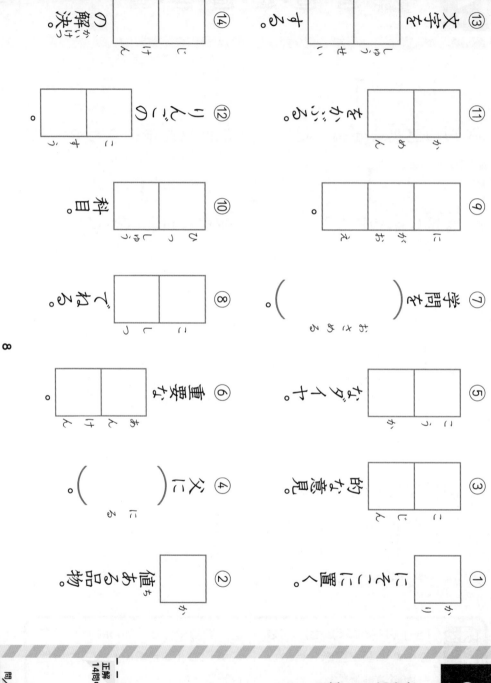

漢字を読もう　像・停・任・備・仏・保

正解 12問中　合格 10問　問

① ヴィーナスの石像。 [　　　　]

② テレビの画像。 [　　　　]

③ 電車が停車する。 [　　　　]

④ 争いを調停する。 [　　　　]

⑤ かれに任せる。 [　　　　]

⑥ 新しい先生が着任する。 [　　　　]

⑦ 台風に備える。 [　　　　]

⑧ 攻撃《こうげき》と守備にわかれる。 [　　　　]

⑨ 仏の本を書く。 [　　　　]

⑩ 念仏を唱える。 [　　　　]

⑪ 健康を保つ。 [　　　　]

⑫ 保育所につとめる。 [　　　　]

チェックポイント

③「停車」の「停」は「とまる」という意味で、反対語は、「発車」です。

「保」の「呆」は赤ちゃんを表し、「亻」は見守る人を表します。

答えは89ページ

LESSON 10

漢字を書こう

正解 14問中　合格 11問　問　月　日

① □《ほとけ》のような心。

② モアイ□《ぞう》。

③ 遠足の□□□《よびび》。

④ □□《ていでん》する。

⑤ 鎌倉《かまくら》の□□《だいぶつ》。

⑥ 身を（　　　）《まかせる》。

⑦ お湯を□□《ほおん》する。

⑧ 学校の□□《びひん》。

⑨ 店長に□□《にんめい》する。

⑩ わかさを（　　　）《たもつ》。

⑪ 車を□□《ていし》する。

⑫ 試験に（　　　）《そなえる》。

⑬ □□《そうぞう》がつく。

⑭ □□□《ほけんしつ》。

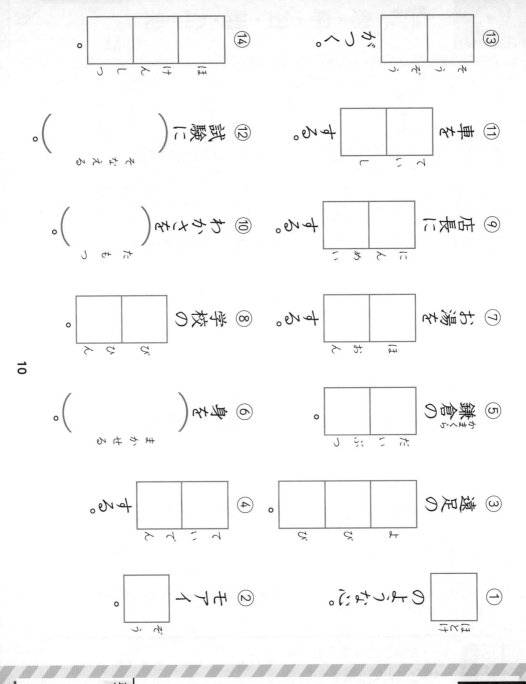

LESSON 11

漢字を読もう 過・逆・述・造・適・迷

正解 12問中 ____問　合格 10問

① もう三時を過ぎた。 [　　　]

② 台風が通過する。 [　　　]

③ 服を逆さまに着る。 [　　　]

④ 親に逆らう。 [　　　]

⑤ ついに逆転した。 [　　　]

⑥ 自分の意見を述べる。 [　　　]

⑦ くわしく記述する。 [　　　]

⑧ 美しい庭園を造る。 [　　　]

⑨ 造花をかざる。 [　　　]

⑩ 適当な食事量だ。 [　　　]

⑪ 最適な方法を選ぶ。 [　　　]

⑫ 判断に迷う。 [　　　]

チェックポイント

「辶」(しんにょう・しんにゅう) は、道や歩行に関係があることを表します。

⑧「造る」は大きなもの、「作る」は小さなものをつくるときに用います。

答えは90ページ

LESSON 12

漢字を書こう

正解 14問中　　問／合格11問　　月　日

①　□《さか》立ちの練習。

②　道に（　）《まよう》。

③　□□《じゅつご》を習う。

④　法律《ほうりつ》の□□《てきよう》。

⑤　風に（　）《さからう》。

⑥　お礼を（　）《のべる》。

⑦　□□《かこ》の出来事。

⑧　□□《てきど》な運動。

⑨　二人で（　）《すごす》。

⑩　船を（　）《つくる》。

⑪　水が□□《ぎゃくりゅう》する。

⑫　時が（　）《すぎる》。

⑬　ビルを□□《けんぞう》する。

⑭　□□□《かはんすう》。

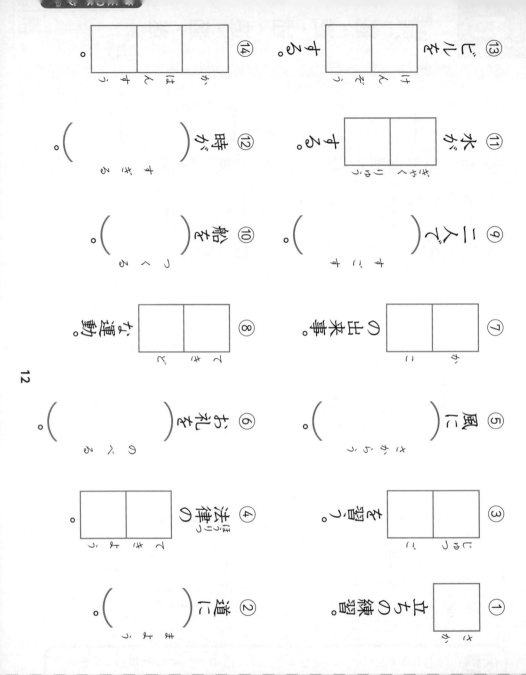

漢字を読もう　往・得・復・応・志・態

正解　12問中　　問
合格　10問

① 車の往来がはげしい。　［　　　］

② 右往左往する。　［　　　］

③ 親の許《ゆる》しを得る。　［　　　］

④ 母は、料理が得意だ。　［　　　］

⑤ 授業の復習。　［　　　］

⑥ 古い絵画を修復する。　［　　　］

⑦ 期待に応える。　［　　　］

⑧ 身分相応のくらしだ。　［　　　］

⑨ 小説家を志す。　［　　　］

⑩ 志を同じくする仲間。　［　　　］

⑪ 少年よ、大志をいだけ。　［　　　］

⑫ 野生動物の生態調《ちょう》査《さ》。　［　　　］

チェックポイント

「彳」（ぎょうにんべん）は、「行く」ことや道路に関係があることを表します。

⑦「応える」は「働きかけに応じる」、「答える」は「答えを出す」という意味です。

答えは90ページ

LESSON 14

漢字を書こう

正解 14問中　問　合格 11問　月　日

① □□《おうよう》問題。

② 画家を（　　）《こころざす》。

③ □□《ふっき》する。

④ 作家□□《しぼう》だ。

⑤ 期待に（　　）《こたえる》。

⑥ 利益《りえき》を（　　）《える》。

⑦ □□《おうふく》はがき。

⑧ 生活□□《たいど》。

⑨ 試験の□□《とくてん》。

⑩ □□《じたい》の収拾《しゅうしゅう》。

⑪ 高い□《こころざし》をもつ。

⑫ 雲の□□《けいたい》。

⑬ □□《おうねん》の名作家。

⑭ □□□《せっとくりょく》。

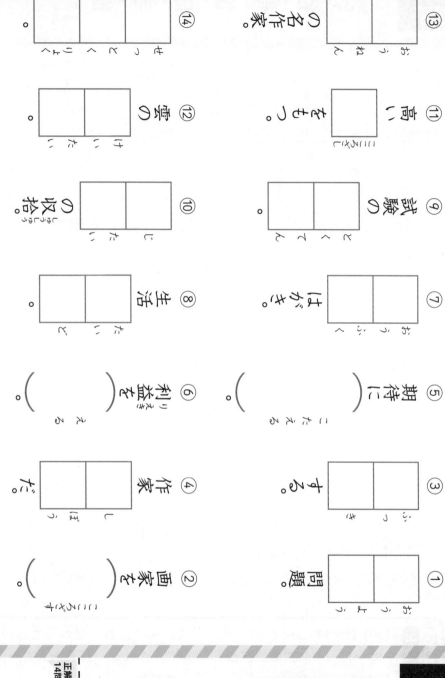

漢字を読もう 快・慣・情・性・再・非

正解　　問／12問中　合格10問

①　快いそよ風がふく。　［　　　　］

②　大差で快勝した。　［　　　　］

③　学校生活に慣れる。　［　　　　］

④　早ね早起きの習慣。　［　　　　］

⑤　情け深い人だ。　［　　　　］

⑥　登場人物の心情。　［　　　　］

⑦　性別を記入する。　［　　　　］

⑧　知性あふれる人。　［　　　　］

⑨　再び立ち上がった。　［　　　　］

⑩　兄との再会。　［　　　　］

⑪　再来週が楽しみだ。　［　　　　］

⑫　非行を防止《ぼうし》する。　［　　　　］

チェックポイント

「忄」（りっしんべん）は、心の動きや働きに関係があることを表します。

「忄」の筆順は、「丶 ↓ 丷 ↓ 忄」です。注意して書きましょう。

答えは90ページ

LESSON 16

漢字を書こう

正解 14問中　合格 11問　　問

月　日

① □□《じょせい》の知事。

② □□《さいど》耳にする。

③ □□《ひれい》をわびる。

④ 住み（　　）《なれる》。

⑤ 人の（　　）《なさけ》。

⑥ □□《てんせい》の才能《さいのう》。

⑦ 母の□□《あいじょう》。

⑧ （　　）《こころよい》音色。

⑨ 本を（　　）《ふたたび》読む。

⑩ □□□《かんようく》。

⑪ □□《ゆうじょう》に厚《あつ》い。

⑫ □□《ひどう》な仕打ち。

⑬ 今日は□□《かいせい》だ。

⑭ □□□《さらいねん》。

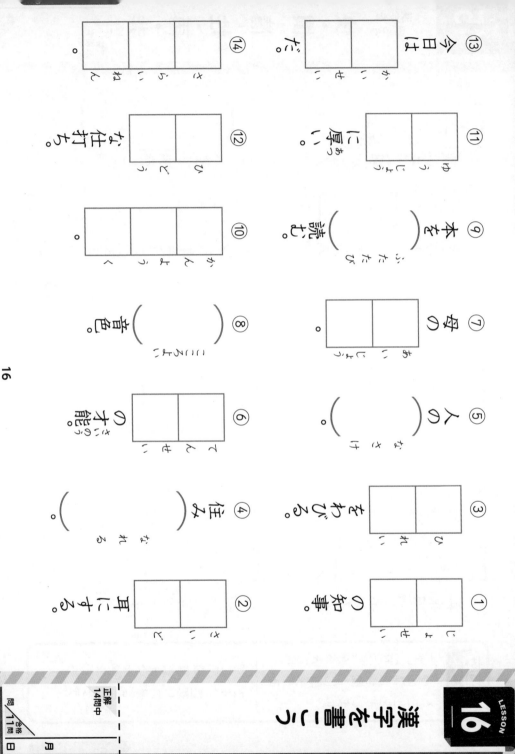

まとめテスト ①

1 次の――線の読み方を書きましょう。

① 仮に 明日 雨が ふったら、室内で 過ごそう。 [　　] [　　]

② 単価 百円の 商品を 千個 購入《こうにゅう》した。 [　　] [　　]

③ 逆方向に 進んだ ため、迷って しまった。 [　　] [　　]

④ 修学旅行中、多くの 仏像を 見た。 [　　] [　　]

2 次の漢字を書きましょう。

① □□《おうねん》の名選手を□《おう》援《えん》する。

② 会計□□《しゅにん》に（　　）《ふたたび》選ばれた。

③ 息子のその□□《ひょうじょう》は父親によく（　　）《にている》。

④ 不測の□□《じたい》に（　　）《そなえる》。

⑤ 部屋を□□《かいてき》な室温に（　　）《たもつ》。

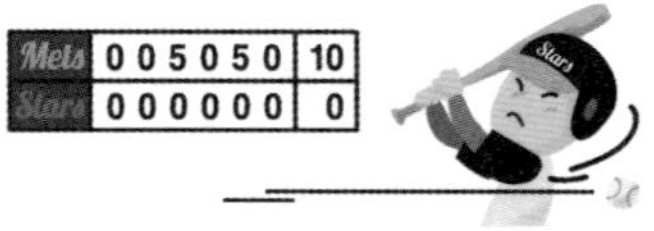

答えは90ページ

LESSON 18 まとめテスト ②

正解 18問中 問 合格 15問　月　日

1 次の——線の読み方を書きましょう。

① プロ選手を志し、野球に情熱を燃《も》やす。
［　　］［　　］

② 理性と、感情の バランスが 大切だ。
［　　］［　　］

③ 数件の 会社が 要望に 応えて くれた。
［　　］［　　］

④ 得点の チャンスが 再度 めぐって きた。
［　　］［　　］

2 次の漢字を書きましょう。

① 列車の□《ひ》常《じょう》□□《ていし》ボタンがおされる。

② 井戸を□□《よび》水源《すいげん》として□□《ほゆう》する。

③ 旅（　　）《なれた》友人に旅行の計画を（　　）《まかせる》。

④ 歴史《れきし》的□□□《けんぞうぶつ》を□□《ふくげん》する。

⑤ 生活□□《しゅうかん》病の原因《げんいん》について（　　）《のべる》。

LESSON 19

漢字を読もう 圧・基・型・在・堂・墓

正解 12問中 ／ 合格 10問 ／ 問

① タイヤの空気圧。［　　］

② 温帯低気圧。［　　］

③ 軍事基地施設《しせつ》。［　　］

④ 国民年金基金。［　　］

⑤ 小型カメラ。［　　］

⑥ 典型的な症状《しょうじょう》だ。［　　］

⑦ 日本の南に在る国。［　　］

⑧ ドイツ在住の日本人。［　　］

⑨ 堂々とした態度。［　　］

⑩ 立派《りっぱ》な仏堂に見入る。［　　］

⑪ 墓をそうじする。［　　］

⑫ 墓前に花をかざる。［　　］

チェックポイント

「在」の三画目は上につき出るように注意しましょう。

在（つき出る）

⑦「在る」は「存在する」、「有る」は「所有する」という意味です。

答えは90ページ

LESSON 20

漢字を書こう

正解 14問中　問　合格11問　月　日

① 学習の□《き》礎《そ》。

② □□《ていけい》文。

③ □《あつ》を加える。

④ クッキーの□《かた》。

⑤ お寺の□□《ほんどう》。

⑥ お□《はか》参りをする。

⑦ □□《しょくどう》のメニュー。

⑧ 山が（　　）《ある》。

⑨ ひみつ□□《きち》。

⑩ □□《ざいこう》生徒。

⑪ □□《じつざい》の人物。

⑫ □□《しんがた》の車。

⑬ 村の□□《ぼち》。

⑭ □□《けつあつ》を測《はか》る。

⑫の「しんがた」の「がた」はまちがえやすいよ。注意しよう。

LESSON 21 漢字を読もう 報・境・均・増・査・条

正解12問中 問 合格10問 月 日

① 選挙結果を速報する。 [　　　　]

② てきに報復する。 [　　　　]

③ 陸と海の境目。 [　　　　]

④ 辺境の村。 [　　　　]

⑤ 百円均一のお店。 [　　　　]

⑥ 均整のとれた体。 [　　　　]

⑦ 不安が増す一方だ。 [　　　　]

⑧ 川の水が増える。 [　　　　]

⑨ 不満が増大する。 [　　　　]

⑩ 明日は、期末考査だ。 [　　　　]

⑪ 市の条例。 [　　　　]

⑫ 自分の信条に反する。 [　　　　]

チェックポイント

「報」の右部分の筆順は、「フ→卩→卩→𠬝」です。

⑨「増大」の反対語は、「減少《げんしょう》」です。「増減」という熟語《じゅくご》もあります。

答えは90ページ

LESSON 22

漢字を書こう

正解 14問中　合格 11問　問　月　日

① 生死の□《さかい》。

② 人口の□□《きゅうぞう》。

③ 体重が（　　）《ふえる》。

④ 車の□□《さてい》額《がく》。

⑤ 事件の□□《ほうどう》。

⑥ □□□《へいきんだい》。

⑦ □□《じょうやく》の改正。

⑧ □□《こっきょう》をこえる。

⑨ 食欲《しょくよく》が（　　）《ます》。

⑩ □□《じょうけん》をのむ。

⑪ □□《じょうほう》収集《しゅうしゅう》。

⑫ □□《ちょうさ》報告《ほうこく》。

⑬ □□《きんとう》に分ける。

⑭ 人を（　　）《ふやす》。

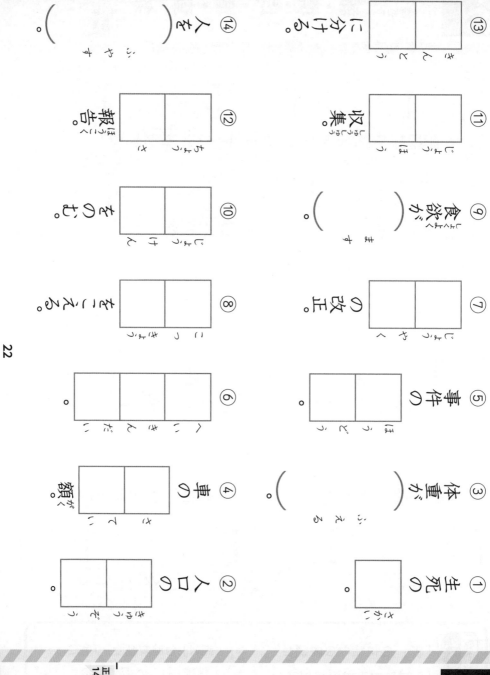

LESSON 23

漢字を読もう

液・演・河・潔・減・混

正解 12問中 　問　合格 10問

① 原液をうすめる。

② 天然ガスを液化する。

③ 落語は演芸の一つだ。

④ 映画《えいが》に出演する。

⑤ 大きな河の流れ。

⑥ 運河を切り開く。

⑦ 祖父《そふ》は高潔な人だった。

⑧ ゴミの量が減る。

⑨ 意欲《いよく》が半減する。

⑩ 子どもに混じる。

⑪ 電車内が混んでいる。

⑫ 公私《こうし》を混同する。

チェックポイント

「氵」（さんずい）は、水や液体に関係があることを表します。

⑤ 特に大きな川を指す場合に、「河」を使用します。

答えは91ページ

LESSON 24

漢字を書こう

正解 14問中　合格 11問　月　日

① □□《かこう》で魚をつる。

② □□《けつえき》検査《けんさ》。

③ 男女□□《こんごう》競技《きょうぎ》。

④ 身の□□《けっぱく》。

⑤ 利用者の□□《げんしょう》。

⑥ 色が（　　）《まざる》。

⑦ 舞台《ぶたい》の□□《えんしゅつ》。

⑧ □□《えきたい》を注ぐ。

⑨ 選挙□□《えんぜつ》。

⑩ 人口が（　　）《へる》。

⑪ □□《ぎんが》の果て。

⑫ □□《しゅえん》女優《じょゆう》。

⑬ □□《せいけつ》にする。

⑭ 道路が（　　）《こむ》。

LESSON 25

漢字を読もう　準・測・刊・制・則・判

正解 12問中　　問　合格 10問

① 水準に達する。 [　　]

② 評価《ひょうか》の基準。 [　　]

③ 土地の面積を測る。 [　　]

④ 到着時刻《とうちゃくじこく》を予測する。 [　　]

⑤ 雑誌《ざっし》を発刊する。 [　　]

⑥ 特集号が刊行された。 [　　]

⑦ 制止をふり切る。 [　　]

⑧ 卒業制作を見る。 [　　]

⑨ 原則から外れる。 [　　]

⑩ 校則を守る。 [　　]

⑪ 事実が判明する。 [　　]

⑫ 大判のタオルを買う。 [　　]

チェックポイント

「刂」(りっとう) は、切ることや刀に関係があることを表します。

・測る…面積や長さ
・量る…重さや容積《ようせき》
・計る…数や時間

答えは91ページ

LESSON 26

漢字を書こう

正解 14問中 合格 11問　　問　　月　　日

① □□《こばん》形。

② □□《ひょうじゅん》サイズ。

③ □□《そくてい》する。

④ 参加を□□《きょうせい》する。

⑤ 遺伝《いでん》の□□《ほうそく》。

⑥ 土地の□□《そくりょう》。

⑦ □□《しゅうかん》誌《し》。

⑧ 遠足の□□《じゅんび》。

⑨ 写真□□《はんてい》。

⑩ 税金□□《せいど》。

⑪ □□《ちょうかん》にのる。

⑫ □□《はんそく》負け。

⑬ 組織《そしき》の□□《たいせい》。

⑭ 水深を（　　）《はかる》。

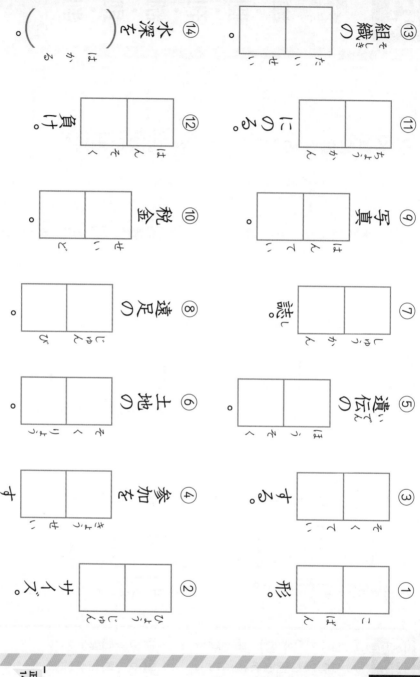

LESSON 27

漢字を読もう　効・勢・務・因・囲・団

正解　12問中　　問　合格10問

① 宣伝《せんでん》が効く。［　　］

② 有効な手段《しゅだん》を考える。［　　］

③ 勢いよく走る。［　　］

④ 勢力がおとろえる。［　　］

⑤ 委員を務める。［　　］

⑥ 任務を果たす。［　　］

⑦ 敗因を分析《ぶんせき》する。［　　］

⑧ 事《じ》故《こ》の要因をさぐる。［　　］

⑨ 山に囲まれた土地。［　　］

⑩ 犯人《はんにん》を包囲する。［　　］

⑪ 団地に住んでいる。［　　］

⑫ 団結力をしめす。［　　］

チェックポイント

⑤「務める」は「役割《やくわり》を果たす」、「努める」は「力をつくす」という意味です。

「因」「囲」「団」の部首の「口」（くにがまえ）は、囲むことに関係することを表します。

答えは91ページ

LESSON 28

漢字を書こう

正解 14問中 合格 11問 問

月 日

① 家の□□《しゅうい》。

② 今日の□□《うんせい》。

③ 初の□□□《だんたいせん》。

④ □□《こうりょく》を失う。

⑤ 水の（　　）《いきおい》。

⑥ □□《いんが》関係。

⑦ 会社の□□《じむ》。

⑧ 薬が（　　）《きく》。

⑨ □□《しゅうだん》行動。

⑩ 失敗の□□《げんいん》。

⑪ □□《ぎょうむ》命令。

⑫ □《せい》ぞろいする。

⑬ 丸で（　　）《かこむ》。

⑭ 主役を（　　）《つとめる》。

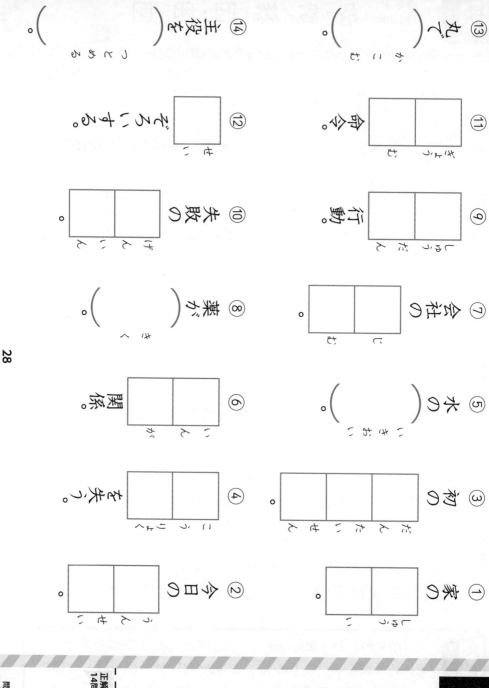

まとめテスト ③

正解　　問／18問中　合格 15問

1 次の――線の読み方を書きましょう。

① 大型の［　　］液晶《しょう》テレビを［　　］購入《こうにゅう》した。

② 白を 基調と［　　］した 店内は 清潔感が［　　］ある。

③ 中国北部に 在る［　　］有名な 河。［　　］

④ 市の 広報誌《し》を［　　］発刊する。［　　］

2 次の漢字を書きましょう。

① お□《はか》のまわりを（　　）《かこむ》ようにさく彼岸花《ひがんばな》。

② （　　）《いきおい》にのって□□《あっしょう》した。

③ とても□□□《こうかてき》な□□《えんしゅつ》だ。

④ この時間の病院の□□《しょくどう》は、とても（　　）《こむ》。

⑤ 応援《おうえん》□□《だんちょう》を（　　）《つとめる》。

答えは91ページ

LESSON 30

まとめテスト ④

正解 18問中　合格 15問　問　月　日

1 次の――線の読み方を書きましょう。

① 判事の［　］役を［　］熱演する。［　］

② これが、森林が［　］減少した［　］一因で［　］あった。

③ 調査に［　］よると、歯周病患者《かんじゃ》が［　］増加して［　］いる。

④ 測量して、［　］土地の［　］境界を確定《かくてい》させる。［　］

2 次の漢字を書きましょう。

① □□《げんそく》として□□《せいふく》を着用すること。

② □□《おおぜい》の生徒が本校には□□《ざいがく》している。

③ 美しい□□《たいけい》の維持《いじ》に（　　）《きく》運動。

④ □□□《こうむいん》の□□《へいきん》年収《ねんしゅう》。

⑤ 男女□□《こんごう》リレーで□《じゅん》優勝《ゆうしょう》した。

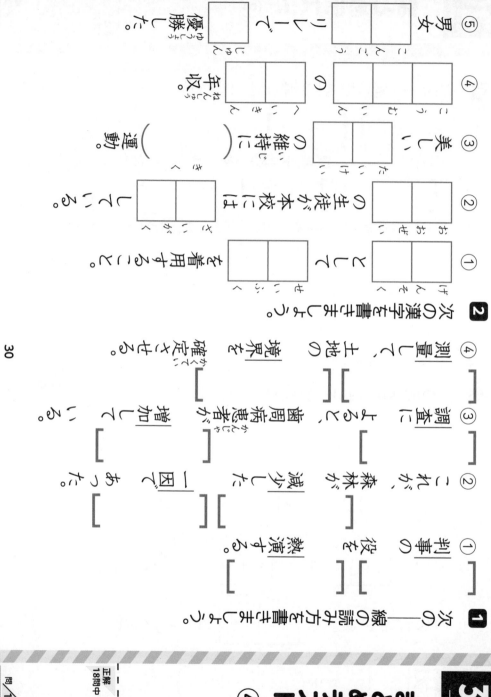

LESSON 31

漢字を読もう　許・護・講・識・謝・証

正解 12問中　問　合格 10問

① 入学を許す。　[　　]

② 自動車免《めん》許を取る。　[　　]

③ 守護神。　[　　]

④ 護送車が通り過ぎる。　[　　]

⑤ 新しい講堂。　[　　]

⑥ 古い書物を講読する。　[　　]

⑦ 意識がもどる。　[　　]

⑧ 識別表示《ひょうじ》マーク。　[　　]

⑨ 月謝をはらう。　[　　]

⑩ 謝意を述べる。　[　　]

⑪ 事件の証人になる。　[　　]

⑫ くわしく証言する。　[　　]

チェックポイント

「言」（ごんべん）は、言葉に関係があることを表します。

「許」の右側は「午」です。「牛」としないように注意しましょう。

答えは91ページ

LESSON 32

漢字を書こう

正解　14問中　　問　合格 11問　　月　　日

① □□《ごしん》用のブザー。

② □□《しゃれい》を包む。

③ □□□《がくせいしょう》。

④ □□《しょうめい》写真。

⑤ 入国□《きょ》可申請《かしんせい》。

⑥ □□《じょうしき》だ。

⑦ 英語の□□《こうしゅう》。

⑧ 卒業□□《しょうしょ》。

⑨ 道路□□《ひょうしき》。

⑩ □□《こうえん》会に行く。

⑪ 動物□□《あいご》週間。

⑫ □□《かんしゃ》の心。

⑬ 正しい□□《ちしき》。

⑭ 心を（　　）《ゆるす》。

LESSON 33

漢字を読もう 設・評・衛・術・義・築

正解 12問中 ＿問　合格 10問

① 事務所を設ける。［　　　］

② 会社を設立する。［　　　］

③ 味に定評のある店。［　　　］

④ 問題点を評議する。［　　　］

⑤ 人工衛星の打ち上げ。［　　　］

⑥ 官庁《かんちょう》の守衛。［　　　］

⑦ 戦術を考える。［　　　］

⑧ たくみな話術。［　　　］

⑨ 大義名分が立つ。［　　　］

⑩ 有意義に過ごす。［　　　］

⑪ よい関係を築いた。［　　　］

⑫ 建築士《し》になりたい。［　　　］

チェックポイント

「衛」「術」の部首は、「行」(ぎょうがまえ・ゆきがまえ) です。

⑤「衛星」と「衛生」の使い分け
・衛星…人工衛星、衛星放送
・衛生…保健衛生、衛生管理

答えは91ページ

LESSON 34

漢字を書こう

月　日

正解 14問中　問

合格 11問

① □□《きじゅつ》問題。

② □□《しんちく》の家。

③ ビルの□□《けんせつ》。

④ □□《こうひょう》を得る。

⑤ 分身の□《じゅつ》。

⑥ □□《せいぎ》の味方。

⑦ 席を（　　）《もうける》。

⑧ 首相の□□《ごえい》。

⑨ □□《ぎり》を通す。

⑩ 意見箱の□□《せっち》。

⑪ □□《げいじゅつ》作品。

⑫ ダムを（　　）《きずく》。

⑬ □□《ひょうばん》がよい。

⑭ □□□《じえいたい》。

LESSON 35　漢字を読もう　技・採・授・招・接・損

正解　12問中　問
合格　10問

① 特技は、水泳だ。【　　】

② 技量を発揮《はっき》する。【　　】

③ きのこを採る。【　　】

④ 血液を採取する。【　　】

⑤ 文化勲章《くんしょう》の授章式。【　　】

⑥ 父は大学の教授だ。【　　】

⑦ 手招きする。【　　】

⑧ 保健委員を招集する。【　　】

⑨ 間接的な関わり方。【　　】

⑩ 接戦の末、勝った。【　　】

⑪ はがきを書き損じた。【　　】

⑫ 大きな欠損を出す。【　　】

チェックポイント

「扌」（てへん）は手をかたどったもので、手に関係があることを表します。

③「採る」は「選びとる」、「取る」は「手に入れる」という意味です。

答えは92ページ

LESSON 36

漢字を書こう

正解 14問中　問　合格 11問　月　日

① 陸上□□《きょうぎ》。

② 技《わざ》を□□《でんじゅ》する。

③ 多大な□□《そんしつ》。

④ 客を（　　）《まねく》。

⑤ 台風の□□《せっきん》。

⑥ □□《さいよう》試験。

⑦ 算数の□□《じゅぎょう》。

⑧ □□《しょうたい》状《じょう》。

⑨ □□《めんせつ》指導《しどう》。

⑩ □《そん》な役回り。

⑪ 山菜を（　　）《とる》。

⑫ □□《せつぞく》する。

⑬ □□《えんぎ》がうまい。

⑭ 昆虫《こんちゅう》□□《さいしゅう》。

⑩の「役回り」とは割り当てられた役のことだよ。

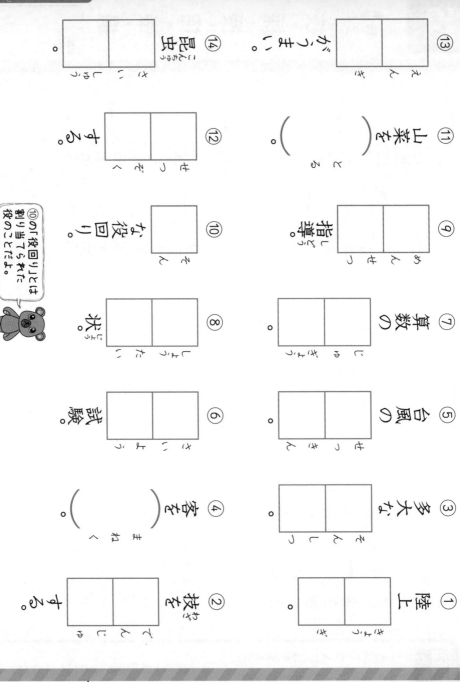

LESSON 37

漢字を読もう　提・救・故・政・武・歴

正解　12問中　問　合格10問

① 値《ね》下《さ》げが前提条件だ。

② 問題を提起する。

③ けが人を救った。

④ 救助犬によるそうさく。

⑤ 故意に負ける。

⑥ 故国の母を思う。

⑦ 日本政府の取り組み。

⑧ 地方行政機関。

⑨ 武術にひいでる。

⑩ 武者人形をかざる。

⑪ 前歴は問わない。

⑫ 差は歴然としている。

チェックポイント

「救」「故」「政」の部首は「攵」(のぶん・ぼくづくり)です。

「故」の意味のちがい
- 故国…昔の
- 故人…死んだ
- 故意…わざと
- 事故…わざわい

答えは92ページ

LESSON 38

漢字を書こう

正解 14問中 ／ 問　合格 11問

月　日

① □□《こじん》をしのぶ。

② 国の□□《せいじ》。

③ 課題の□□《ていしゅつ》。

④ □□《がくれき》が高い。

⑤ □□《ぶりょく》行使。

⑥ 人の心を（　　）《すくう》。

⑦ □□《ぶんぶ》両道

⑧ □□《きゅうめい》ボート。

⑨ □□《れきだい》の首相。

⑩ □□《かせい》婦《ふ》。

⑪ □□□《きゅうきゅうしゃ》。

⑫ □□《むしゃ》ぶるい。

⑬ 会議で□□《ていあん》する。

⑭ 交通□□《じこ》。

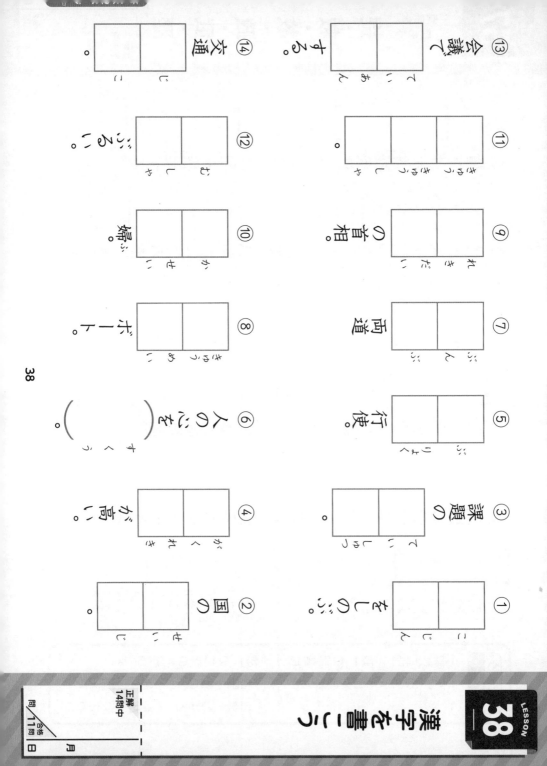

漢字を読もう　可・喜・句・告・史・土

正解　　問／12問中　合格10問

① 不可能《のう》ではない。［　　］

② 可燃《ねん》性《せい》のガス。［　　］

③ 成功を喜ぶ。［　　］

④ 喜色満面だ。［　　］

⑤ 句集を購入《こうにゅう》する。［　　］

⑥ 端午《たんご》の節句を祝う。［　　］

⑦ 別れを告げる。［　　］

⑧ 映画《えいが》の予告編《へん》。［　　］

⑨ 史実をもとにする。［　　］

⑩ 史上初の快挙。［　　］

⑪ 地元の名士。［　　］

⑫ 士気があがる。［　　］

チェックポイント

「史」の五画目は四画目と交わるように注意しましょう。

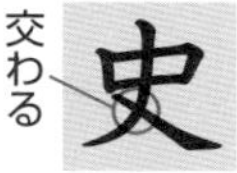

「士」は、男を表す象形《しょうけい》文字（もの形をもとにした文字）で、一人前の男性を意味します。

答えは92ページ

LESSON 40

漢字を書こう

正解 14問中　　問　合格 11問
月　日

① 入学を□□《きょか》する。

② □□《ごく》の意味。

③ 予算案の□□《かけつ》。

④ 愛の□□《こくはく》。

⑤ □《き》劇《げき》のはいゆう。

⑥ □□《れきし》を学ぶ。

⑦ □□《もんく》が多い。

⑧ □□□《うんてんし》。

⑨ 時を（　　）《つげる》。

⑩ 勇敢《ゆうかん》な□□《へいし》。

⑪ □□□《くとうてん》。

⑫ □□□《にほんし》。

⑬ 大（　　）《よろこび》する。

⑭ 新聞の□□《こうこく》。

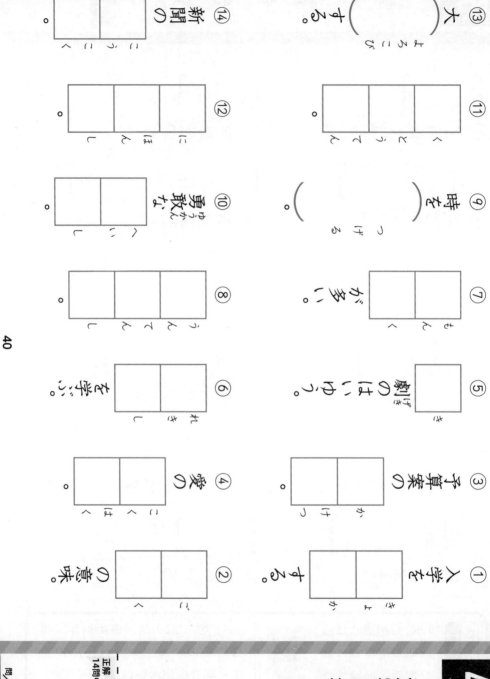

まとめテスト ⑤

正解 18問中 問 合格 15問

1 次の――線の読み方を書きましょう。

① 大学教授として［　　］ 採用される。［　　］

② 標識を［　　］ たくさん 設置する。［　　］

③ 政治家として［　　］ 確かな 地位を 築く。［　　］

④ 大きな 損失を［　　］ 招く。［　　］

②の「標識」とは区別するための目印のことだよ。

2 次の漢字を書きましょう。

① □□□《せかいし》のセミナーを□□《じゅこう》する。

② 自作の□《く》を□□《ひんぴょう》し合う。

③ □□《ぶき》の輸入《ゆにゅう》は（　　　《ゆるさ》）ない。

④ 新たな□□《ぎじゅつ》の□□《とっきょ》を得る。

⑤ 遺族《いぞく》が□□《こじん》に最後の別れを（　　　《つげる》）。

答えは92ページ

LESSON 42

まとめテスト ⑥

正解 18問中　合格 15問　問　月　日

1 次の――線の読み方を書きましょう。

① 喜んで　発表会の　招待を　受ける。
[　　] [　　] [　　]

② 良識と　思いやりの　ある　市政を　目指す。
[　　] [　　] [　　]

③ 歯科技工士の　仕事は、義歯を　作る　ことだ。
[　　] [　　] [　　]

④ 身分証明書の　コピーを　提出する。
[　　] [　　] [　　]

2 次の漢字を書きましょう。

① □□《しゅじゅつ》によって患者《かんじゃ》の命を（　　）《すくう》。

② 災害現場《さいがいげんば》に□□□《きゅうごしょ》を□□《かせつ》する。

③ □□《ちょくせつ》、ピアノの教師《きょうし》に□□《げっしゃ》をはらう。

④ □□《れきし》の本を集めたコーナーを（　　）《もうける》。

⑤ 夏は、徹底《てってい》した□□《えいせい》管理が□□□《ふかけつ》だ。

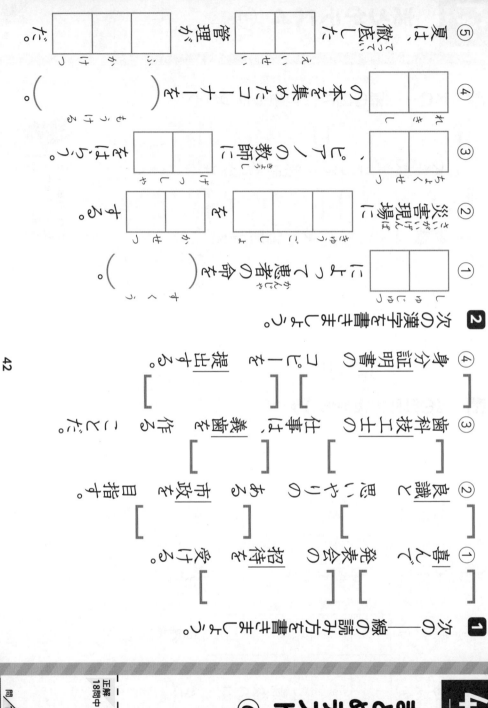

LESSON 43

漢字を読もう 紀・経・織・績・絶・総

正解 12問中　　問　合格 10問

① 有名な紀行文。［　　］

② 風紀委員を務める。［　　］

③ 長い月日を経る。［　　］

④ 日本を経由する。［　　］

⑤ 布《ぬの》が織り上がる。［　　］

⑥ 組合を組織する。［　　］

⑦ 実績がある技術者。［　　］

⑧ 功績を残す。［　　］

⑨ 子孫を絶やさない。［　　］

⑩ 絶対に合格《ごうかく》する。［　　］

⑪ 総合的に判断《はんだん》する。［　　］

⑫ 総会に出席する。［　　］

チェックポイント

「糸」（いとへん）は、糸や織物に関係があることを表します。

⑩「絶対」と「絶体」の使い分け
・絶対…絶対に行く。
・絶体…絶体絶命の窮地《きゅうち》。

答えは92ページ

LESSON 44

漢字を書こう

正解 14問中 問 合格 11問

月 日

① □□《けいけん》を積む。

② 望みを（　　）《たつ》。

③ 優秀《ゆうしゅう》な□□《せいせき》。

④ □□《おりもの》をする。

⑤ 音が（　　）《たえる》。

⑥ 二十一□□《せいき》。

⑦ □□□《そうかくすう》。

⑧ □□《ぜっこう》の機会。

⑨ 会社の□□《ぎょうせき》。

⑩ □□《そうり》大臣。

⑪ 年月を（　　）《へる》。

⑫ □□《そしき》の一員。

⑬ □□《きげん》前一万年。

⑭ 布《ぬの》を（　　）《おる》技術。

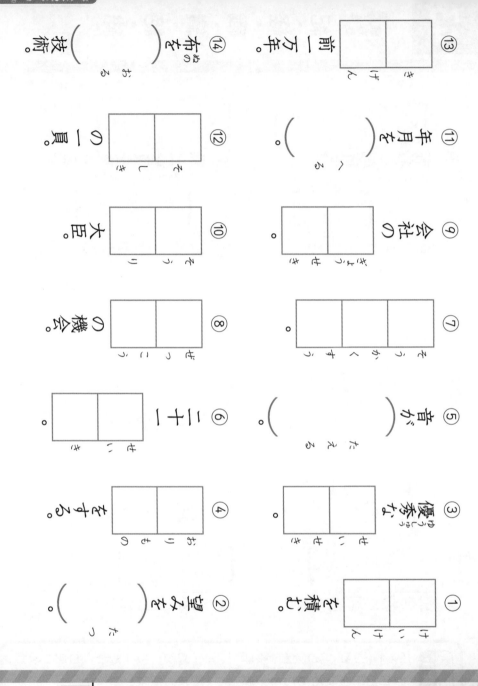

LESSON 45

漢字を読もう　統・編・綿・素・導・輸

正解　12問中　　問　合格10問

① 血統書つきの犬。［　　］

② 正統な後継者《こうけいしゃ》だ。［　　］

③ マフラーを編む。［　　］

④ チームを再編する。［　　］

⑤ たんぽぽの綿毛。［　　］

⑥ 綿花をさいばいする。［　　］

⑦ 音楽の素養がある。［　　］

⑧ 平素からの教え。［　　］

⑨ 解答《かいとう》を導き出す。［　　］

⑩ 機械を導入する。［　　］

⑪ 輸血が必要である。［　　］

⑫ オレンジを輸入する。［　　］

チェックポイント

「素」には、「ありのまま」「本来の」「ふだん」の意味があります。

⑫「輸入」の反対語は、「輸出」です。

答えは93ページ

LESSON 46

漢字を書こう

正解 14問中 問 合格 11問

月 日

① □《めん》のシャツ。

② □□《とうけい》調査。

③ □□《そざい》を生かす。

④ 生徒を（みちびく）。

⑤ □□《ゆそう》機。

⑥ □□《たんぺん》小説。

⑦ 毛糸で（あむ）。

⑧ □□《うんゆ》会社。

⑨ □□《でんとう》芸能《げいのう》。

⑩ 熱の□□《でんどう》。

⑪ □□《げんそ》記号。

⑫ □《わた》ぼうし。

⑬ 生徒□□《しどう》。

⑭ 雑誌《ざっし》の□□《へんしゅう》。

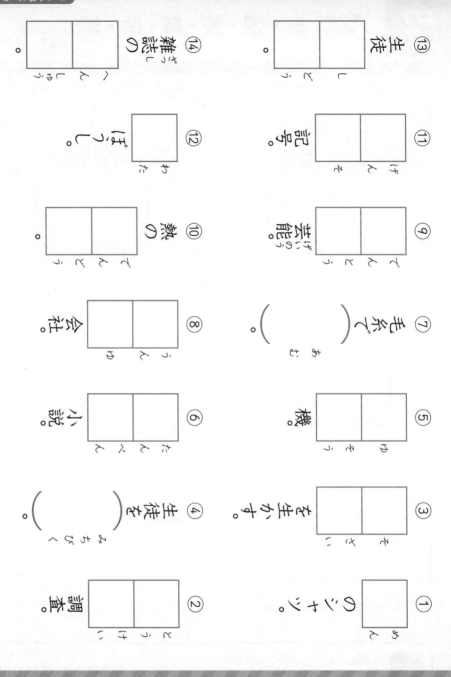

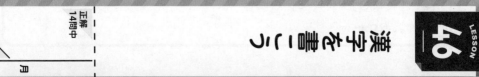

LESSON 47

漢字を読もう　桜・格・検・構・枝・豊

正解　12問中　問　合格10問

① 桜もちを食べる。 [　　　　]

② 山桜が散る。 [　　　　]

③ 人生を変える格言。 [　　　　]

④ 予選で失格になる。 [　　　　]

⑤ 検温の時間。 [　　　　]

⑥ 車検を受ける。 [　　　　]

⑦ 新居を構える。 [　　　　]

⑧ 駅の構内案内図。 [　　　　]

⑨ やなぎの枝。 [　　　　]

⑩ 話が枝道にそれる。 [　　　　]

⑪ 心を豊かにする。 [　　　　]

⑫ 豊漁の季節。 [　　　　]

チェックポイント

「木」(きへん)は、木の種類や様子、木からできたものなどを表します。

⑧「構内」と「校内」の使い分け
- 構内…敷地《しきち》の中。
- 校内…学校の中。

答えは93ページ

LESSON 48

漢字を書こう

正解 14問中　合格 11問　問

月　日

① 野菜の［　　］《かかく》。

② 家族［　　］《こうせい》。

③ ［　　］《かくしき》ある家。

④ ［　　］《よざくら》見物。

⑤ 立派《りっぱ》な［　］《えだ》ぶり。

⑥ 店を（　　）《かまえる》。

⑦ 漢字［　　］《けんてい》。

⑧ （　　）《ゆたか》に実る。

⑨ 校庭の［　］《さくら》。

⑩ 絵の［　　］《こうず》。

⑪ ［　　］《ほうさく》を願う。

⑫ ねこに（　　）《かまう》。

⑬ 梅の［　　］《こえだ》。

⑭ 車の［　　］《てんけん》。

漢字を読もう　移・税・程・師・常・布

正解 12問中　問　合格10問

① 季節の移り変わり。［　　］

② 場所を移動する。［　　］

③ 税金をかける。［　　］

④ 関税をかける。［　　］

⑤ 一時間程度のおくれ。［　　］

⑥ 人類の進化の過程。［　　］

⑦ 父は漁師である。［　　］

⑧ 師弟の関係。［　　］

⑨ 常日ごろの習慣。［　　］

⑩ 平常心を失わない。［　　］

⑪ 布地を選ぶ。［　　］

⑫ 新たな条例を公布する。［　　］

チェックポイント

「移」「税」「程」の部首は「禾」（のぎへん）で、稲《いね》や穀《こく》物《もつ》に関わることを表します。

⑥「過程」と「課程」の使い分け
・過程…進行の段階《だんかい》。
・課程…学習などの範囲《はんい》。

答えは93ページ

LESSON 50

漢字を書こう

正解 14問中　　問　合格11問

月　　日

① リズムと□□《おんてい》。

② 実行に（　　）《うつす》。

③ 空港の□□《ぜいかん》。

④ □□□《ひじょうぐち》。

⑤ □《ぬの》を織る。

⑥ □□《いし》免許《めんきょ》。

⑦ 店の□□《いてん》。

⑧ □《つね》にいそがしい。

⑨ 消費《しょうひ》□《ぜい》を含《ふく》む。

⑩ 電気□□《もうふ》。

⑪ □□《にちじょう》茶飯事《さはんじ》。

⑫ 広告の□□《はいふ》。

⑬ 遠足の□□《にってい》。

⑭ 放射線《ほうしゃせん》□□《ぎし》。

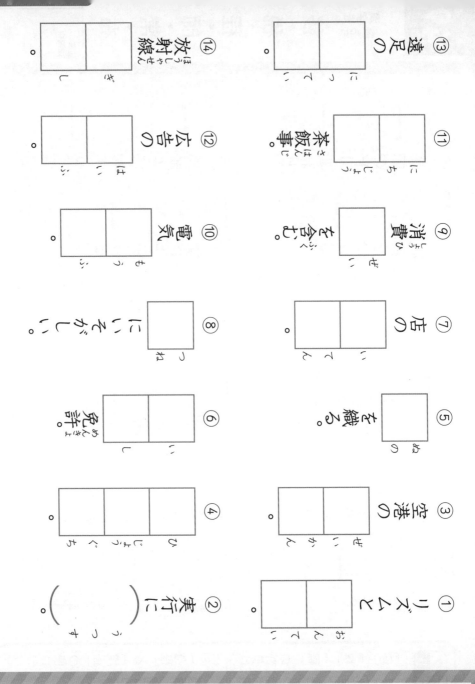

LESSON 51

漢字を読もう 険・限・際・防・災・燃

正解 12問中 　問　合格 10問

① 山道は険しかった。［　　］

② 生命保険に加入する。［　　］

③ 一人一枚《いちまい》に限る。［　　］

④ もうがまんの限界だ。［　　］

⑤ 交際費《ひ》がかさむ。［　　］

⑥ 際限なく続く道。［　　］

⑦ 二次感染《かんせん》を防ぐ。［　　］

⑧ 防備を固める。［　　］

⑨ 戦災をのがれる。［　　］

⑩ 天災に見まわれる。［　　］

⑪ 勢いよく燃え上がる。［　　］

⑫ 燃焼性のガス。［　　］

チェックポイント

「阝」（こざとへん）は、土地に関係があることを表します。

② 「保険」と「保健」の使い分け

・保険…損害《そんがい》保険、保険証

・保健…保健室、保健所

答えは93ページ

LESSON 52 漢字を書こう

正解 14問中　　問　合格 11問

月　　日

① （　　）《かぎり》ある命。

② □□《こくさい》交流。

③ □□《けんあく》な空気。

④ □□《さいがい》救助隊。

⑤ □□《よぼう》接種。

⑥ □□《ふねん》ごみ。

⑦ □□《げんてい》商品。

⑧ □□《じっさい》の話。

⑨ 年齢《ねんれい》□□《せいげん》。

⑩ 風を（　　）《ふせぐ》。

⑪ 紙を（　　）《もやす》。

⑫ □□□《ぼうかんぐ》。

⑬ （　　）《けわしい》顔。

⑭ □□《もんげん》を守る。

LESSON 53

まとめテスト ⑦

正解　　問／18問中　合格15問

1 次の——線の読み方を書きましょう。

① 半導体の［　　］　製造《せいぞう》工程を［　　］　見学する。

② 織り目の［　　］　あらい　布。［　　］

③ 桜は［　　］　やはり、［　　］　格別に［　　］　美しい。［　　］

④ 弟は、常に［　　］　のんびり　構えて［　　］　いる。

2 次の漢字を書きましょう。

① □□《そうごう》的に見て、とてもよい□□《せいせき》だった。

② □《わた》からつむいだ糸でセーターを（　　《あむ》　）。

③ ウイルスの感染《かんせん》□□《けいろ》を（　　《たつ》　）。

④ □□《しょうぼう》自動車が□□《かさい》現場に向かう。

⑤ □□《けんじ》の男性は（　　《けわしい》　）表情になった。

答えは93ページ

LESSON 54

まとめテスト⑧

正解 18問中　　問　合格15問　　月　　日

1 次の――線の読み方を書きましょう。

① 季節が［　　］　移り、［　　］　枝の［　　］　先の　つぼみが　ふくらむ。

② 前編と［　　］　後編を［　　］　統合した［　　］　本。

③ 葉緑素を［　　］　植物の　葉から［　　］　検出する［　　］　実験。

④ 半世紀の［　　］　時を［　　］　経て、［　　］　祖父《そふ》の　手記が　見つかる。

2 次の漢字を書きましょう。

① 化石□□《ねんりょう》を海外から□□《ゆにゅう》する。

② できる（　　）《かぎり》、洋服の色落ちを（　　）《ふせぐ》。

③ □□《ぜいきん》の納付《のうふ》□□《きげん》がせまる。

④ □□《きょうし》の言動により、生徒を（　　）《みちびく》。

⑤ （　　）《ゆたかな》自然があふれる日本の□□《ぜっけい》。

LESSON 55

漢字を読もう　賛・資・質・賞・責・貸

正解　12問中　　問　合格10問

① 自画自賛する。［　　］

② 協賛企業《きぎょう》の広告。［　　］

③ 土地に投資する。［　　］

④ 必要な物資を送る。［　　］

⑤ 本質を見極める。［　　］

⑥ 品質を保証する。［　　］

⑦ 作品が入賞した。［　　］

⑧ 賞金を獲得《かくとく》する。［　　］

⑨ 失敗を責める。［　　］

⑩ 問責決議案。［　　］

⑪ 消しゴムを貸す。［　　］

⑫ 二階を間貸しする。［　　］

チェックポイント

部首の「貝」（かい）は、お金や財宝《ざいほう》に関係があることを表します。

⑪「貸す」の反対語は「借りる」で、「貸借《たいしゃく》」という熟語《じゅくご》もあります。

答えは93ページ

LESSON 56

漢字を書こう

正解 14問中　合格 11問　問

月　日

① □□《しっそ》な生活。

② 手を（　）《かす》。

③ □□《しりょう》の収集《しゅうしゅう》。

④ 国家□□《しかく》。

⑤ □□《さんせい》意見。

⑥ □□□《せきにんかん》。

⑦ □□《じせき》の念。

⑧ （　）《かし》衣装《いしょう》。

⑨ □□《しほん》主義。

⑩ ノーベル□《しょう》。

⑪ 優勝《ゆうしょう》□□《しょうひん》。

⑫ □□《しつじつ》剛健《ごうけん》。

⑬ 相手を（　）《せめる》。

⑭ 兄を□□《ぜっさん》した。

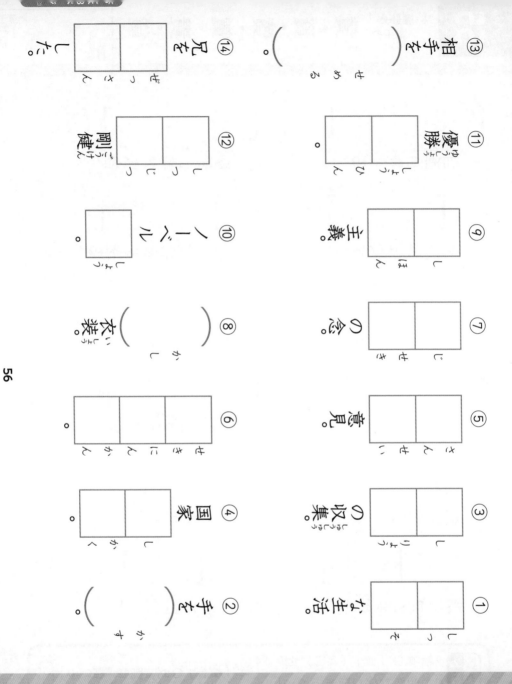

漢字を読もう 費・貧・貿・財・貯・率

正解 12問中　問　合格 10問

① 費用がかかる。 [　　　]

② 今月は出費が多い。 [　　　]

③ 想像力の貧しい人。 [　　　]

④ 貧乏《ぼう》な暮《く》らし。 [　　　]

⑤ 貿易《えき》黒字になる。 [　　　]

⑥ 財力のある人。 [　　　]

⑦ 重要文化財。 [　　　]

⑧ 将来のために貯蓄《ちく》する。 [　　　]

⑨ 貯水タンク。 [　　　]

⑩ 生徒を率いる。 [　　　]

⑪ 倍率の高い大学。 [　　　]

⑫ 能率よく働くべきだ。 [　　　]

チェックポイント

④「貧乏」の反対語は、「裕《ゆう》福《ふく》」「富裕《ふゆう》」です。

「率」の筆順は、「丶→亠→亠→亡→玄→玄→玄→玄→玄→玄→率」です。

答えは94ページ

LESSON 58

漢字を書こう

正解 14問中　合格 11問　問

月　日

① 冷凍《れいとう》□《ちょ》蔵《ぞう》庫。

② □《びん》乏《ぼう》神。

③ 兵を（　　）《ひきいる》。

④ □□□《ちょきんばこ》。

⑤ 一代で□《ざい》を築く。

⑥ □□□《こうねつひ》。

⑦ □《ぼう》易《えき》の条件。

⑧ 投票□《りつ》が上がる。

⑨ □□《ざいせい》難《なん》だ。

⑩ □□□《しょうひぜい》。

⑪ □□《しょくひ》がかさむ。

⑫ □□《こうりつ》がいい。

⑬ （　　）《まずしい》生活。

⑭ □□《ざいさん》を残す。

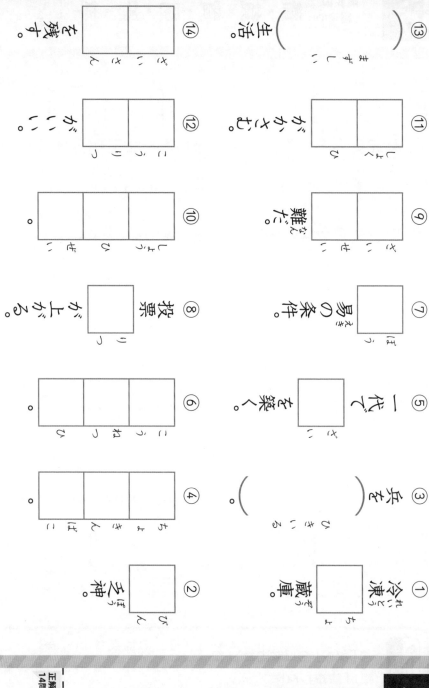

LESSON 59

漢字を読もう 易・旧・暴・留・略・永

正解 12問中 問 合格 10問

① 易しく説明する。［　　］

② 易者が手相をみる。［　　］

③ 平易な文章。［　　］

④ 旧知の間がら。［　　］

⑤ 動物たちが暴れる。［　　］

⑥ 横暴なやり方。［　　］

⑦ ボタンを留める。［　　］

⑧ 回答を保留する。［　　］

⑨ 家の留守を守る。［　　］

⑩ 学校から家までの略図。［　　］

⑪ 永いねむりにつく。［　　］

⑫ フランスに永住する。［　　］

チェックポイント

「旧」の反対語は「新」で、「新旧」という熟語があります。

「永」は「氷《こおり》」と形が似ているので注意して書きましょう。

答えは94ページ

LESSON 60

漢字を書こう

正解 14問中 問 合格11問

月 日

① 海外□□《ぼうえき》。

② □□《きゅうしき》の車。

③ 文の□□《しょうりゃく》。

④ □□□《るすばん》。

⑤ 馬が（　　）《あばれる》。

⑥ 末（　　）《ながく》お幸せに。

⑦ □□《あんい》な発想。

⑧ □□《えいせい》中立国。

⑨ 経営《けいえい》□□《せんりゃく》。

⑩ □□□《りゅうがくせい》。

⑪ □□《ぼうふう》警報《けいほう》。

⑫ （　　）《やさしい》問題。

⑬ □《きゅう》正月。

⑭ 心に（　　）《とめる》。

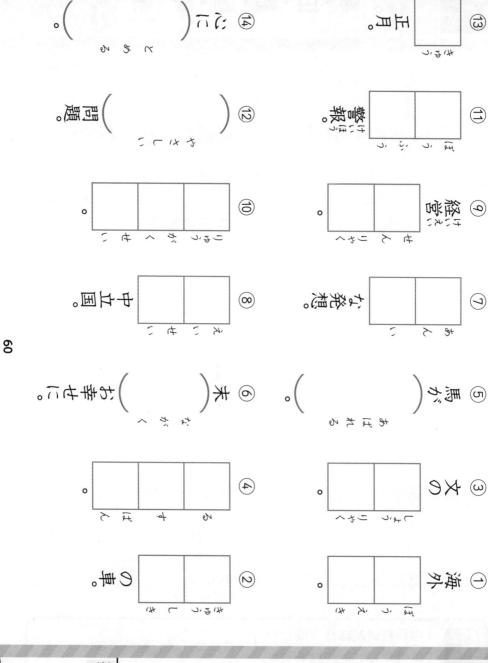

LESSON 61

漢字を読もう

弁・酸・雑・飼・規・解

正解 12問中 問 / 合格 10問

① 花弁の枚数《まいすう》。 [　　　]

② 国会の答弁の様子。 [　　　]

③ 酸味の強い果物。 [　　　]

④ 酸性雨について知る。 [　　　]

⑤ 雑音が気になる。 [　　　]

⑥ 雑巾《きん》で廊下《ろうか》をふく。 [　　　]

⑦ 飼い犬。 [　　　]

⑧ ほした草を飼料にする。 [　　　]

⑨ 規定のかばん。 [　　　]

⑩ 体育館利用の規約。 [　　　]

⑪ 雪解けの季節。 [　　　]

⑫ ビルが解体される。 [　　　]

チェックポイント

「酸」の部首は「酉」(とりへん)です。「西」としないように注意しましょう。

⑪「雪解け」には、「対立しているものが歩み寄《よ》る」という意味もあります。

答えは94ページ

LESSON 62 漢字を書こう

正解 14問中　　合格 11問　　問　　月　日

① □□《たんさん》飲料。

② □□□《ぞうきばやし》。

③ 問題を（　　《とく》　　）。

④ □□《べんめい》する。

⑤ ねこを（　　《かう》　　）。

⑥ □□《しんき》採用。

⑦ 三角□□《じょうぎ》。

⑧ ストレス□□《かいしょう》。

⑨ □□《しいく》小屋。

⑩ □□《きかく》外の野菜。

⑪ □□《さんか》した鉄。

⑫ □□《ざっそう》をぬく。

⑬ お□□《べんとう》を作る。

⑭ 生活□□《ざっか》。

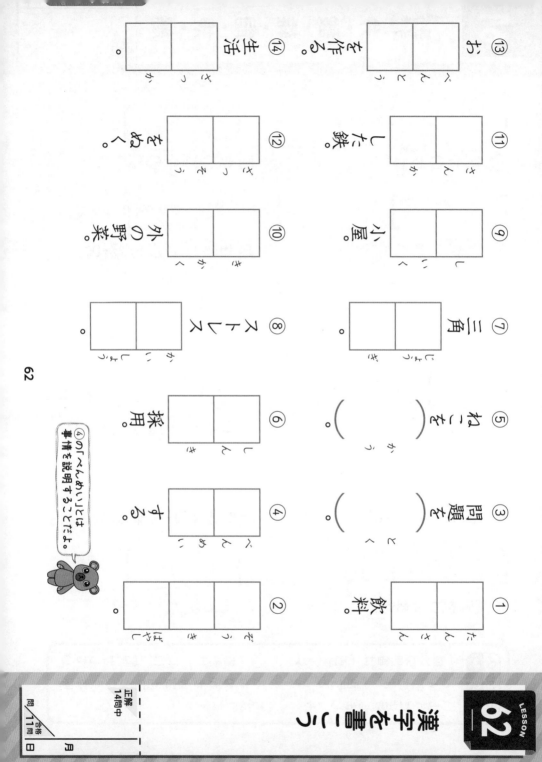

漢字を読もう 確・破・余・舎・夢・久

正解 12問中 問 合格 10問

① 手順を確かめる。

② 確実に実行する。

③ 障子《しょうじ》が破れる。

④ 全コースを走破した。

⑤ 時間が少し余った。

⑥ 余命いくばくもない。

⑦ 駅舎を改築する。

⑧ 牛舎のそうじをする。

⑨ 楽しい夢を見た。

⑩ サッカーに夢中だ。

⑪ 久しぶりに会った。

⑫ 永久に変わらぬ愛。

チェック ポイント

「舎」の「吉」の部分は、上の横画を短く書きます。

舎

「夢」の部首は「夕」（た・ゆうべ）です。「艹」（くさかんむり）ではないので注意しましょう。

答えは94ページ

LESSON 64

漢字を書こう

正解 14問中　問　合格11問

月　日

① □□《めいかく》な理由。

② 服が（　　）《やぶれる》。

③ □□《かくしん》をもつ。

④ お金が（　　）《あまる》。

⑤ □□《こうしゃ》の二階《にかい》。

⑥ 将来《しょうらい》の□《ゆめ》。

⑦ 紙の□□《よはく》。

⑧ □□□《じきゅうりょく》。

⑨ □□《あくむ》を見る。

⑩ 役所の□□《かんしゃ》。

⑪ （　　）《ひさし》ぶりだ。

⑫ □□《はかく》の条件。

⑬ □□《よりょく》を残す。

⑭ （　　）《たしか》な情報。

LESSON 65

漢字を読もう 能・肥・脈・興・耕・張

正解 12問中 　問　合格 10問

① 能動的な人。［　　］

② 実現《じつげん》可能な計画。［　　］

③ 丸々と肥えた子犬。［　　］

④ 畑に肥をやる。［　　］

⑤ 組織が肥大化する。［　　］

⑥ 動脈と静脈。［　　］

⑦ 新興工業の成長。［　　］

⑧ それもまた一興だ。［　　］

⑨ 農地を耕す。［　　］

⑩ 農耕の起源《きげん》を調べる。［　　］

⑪ テントを張る。［　　］

⑫ 主張をのべる。［　　］

チェックポイント

「能」の部首は「肉」（にく）、「肥」「脈」の部首は「月」（にくづき）です。

②「可能」の反対語は「不可能」です。「不」は否定《ひてい》の意味を表します。

答えは94ページ

LESSON 66

漢字を書こう

月　日

正解 14問中　問　合格 11問

① 土を（　　）《たがやす》。

② □□《しゅっちょう》手当て。

③ □□《のうりつ》が悪い。

④ 宴会《えんかい》の□□《よきょう》。

⑤ 土地を（　　）《こやす》。

⑥ 氷が（　　）《はる》。

⑦ アルプス□□《さんみゃく》。

⑧ 表面□□《ちょうりょく》。

⑨ □□《ひまん》の予防。

⑩ 音楽の□□《さいのう》。

⑪ 動物の□□《ほんのう》。

⑫ 田畑の□□《こうさく》。

⑬ □《みゃく》がみだれる。

⑭ 映画《えいが》の□□《こうぎょう》収入《しゅうにゅう》。

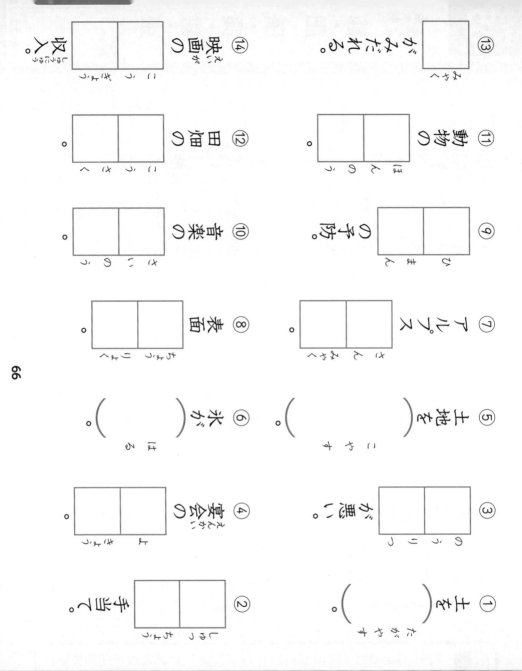

まとめテスト ⑨

正解　　問／18問中　合格15問

1 次の――線の読み方を書きましょう。

① 暴飲暴食に［　　］留意する。［　　］

② 現状《げんじょう》を［　　］打破して［　　］夢を［　　］かなえる。

③ 教育資金を［　　］確保する。［　　］

④ 旧館を［　　］従業員《じゅうぎょういん》の宿舎として［　　］利用する。

④「旧館」の「旧」は ふるい，前からあると いう意味があるよ。

2 次の漢字を書きましょう。

① □□《じんみゃく》は、見えない□□《ざいさん》だ。

② □□□《えんしゅうりつ》の問題を（　　《とく》）。

③ □□《ゆうのう》な社員を多く（　　《ひきいる》）。

④ 畑の全面に□□《ひりょう》をまいて、（　　《たがやす》）。

⑤ □□《ちょきん》もない、（　　《まずしい》）暮《く》らしだ。

答えは94ページ

まとめテスト ⑩

1 次の――線の読み方を書きましょう。

① 久しぶりに 会った 友人と 雑談を する。
［　　］［　　］

② 会場を 貸し切る ための 費用。
［　　］［　　］

③ 大切に 世話を するのは、飼い主の 責務だ。
［　　］［　　］［　　］

④ 永年勤続者《きんぞくしゃ》を 賞賛する。
［　　］［　　］

2 次の漢字を書きましょう。

① □□《べんかい》の□□《よち》もない。

② むずかしくなく、（　　）《やさしい》□□《しつもん》。

③ □□《ぼうえき》には、様々な□□《きそく》がある。

④ 大地に根を（　　）《はる》大木に、□□《きょうみ》がわく。

⑤ □□《さんそ》の発生を（　　）《たしかめる》。

漢字を読もう　寄・容・額・領・妻・婦

正解 12問中　問　合格 10問

① 資料を取り寄せる。 [　　]

② 船が神戸《こうべ》に寄港する。 [　　]

③ プラスチック容器。 [　　]

④ 包容力のある人。 [　　]

⑤ 額に手をあてる。 [　　]

⑥ 差額をはらう。 [　　]

⑦ 自国が領有する島。 [　　]

⑧ 本領を発揮《はっき》する。 [　　]

⑨ 妻と出かける。 [　　]

⑩ 妻子を養う。 [　　]

⑪ 婦人服の売り場。 [　　]

⑫ 家政婦の仕事。 [　　]

チェックポイント

「寄」「容」の部首の「宀」(うかんむり) は、家に関係があることを表します。

⑪ 「婦人」と「夫人」の使い分け
・婦人…成人した女性のこと。
・夫人…他人の妻を敬《うやま》っていう言葉。

答えは94ページ

LESSON 70

漢字を書こう

正解 14問中　　問　合格 11問　　月　日

① 思いを（　　　）《よせる》。

② 美しい□□《しんぷ》。

③ □□《りょうさい》賢母《けんぼ》

④ 必要な□□《きんがく》。

⑤ （　　　）《より》道をする。

⑥ かわいい□《つま》。

⑦ 日本の□□《りょうど》。

⑧ □□《ようい》にできる。

⑨ 絵を□《がく》に入れる。

⑩ □□□《あいさいか》。

⑪ 手紙の□□《ないよう》。

⑫ □□□《だいとうりょう》。

⑬ □《ひたい》にあせが光る。

⑭ □□《きふ》する。

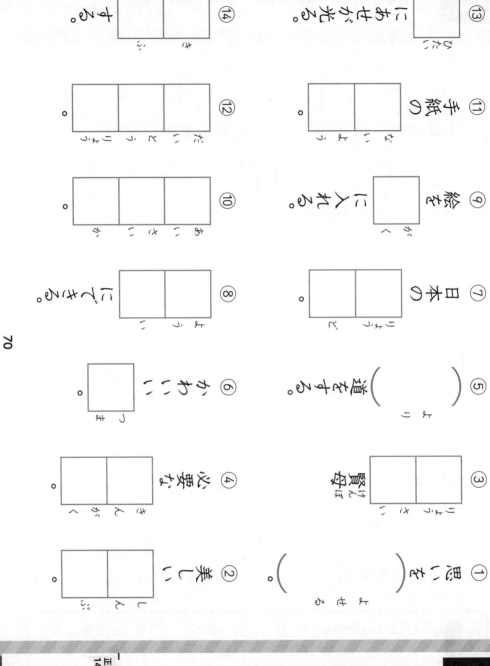

LESSON 71

漢字を読もう 精・粉・幹・罪・職・象

正解 12問中　　問　合格 10問

① 自宅《じたく》で精米する。［　］

② 交通費を精算する。［　］

③ 粉ミルクを買う。［　］

④ 火の粉がまい上がる。［　］

⑤ 花粉が手につく。［　］

⑥ この木の幹は太い。［　］

⑦ 組合の幹部になる。［　］

⑧ 罪深い行為《こうい》だ。［　］

⑨ 罪悪感が残った。［　］

⑩ 職務をまっとうする。［　］

⑪ 象の赤ちゃん。［　］

⑫ 社会的事象。［　］

チェックポイント

「精」「粉」の部首の「米」(こめへん)は、米などの穀《こく》物《もつ》に関わることを表します。

② 「精算」と「清算」の使い分け
・精算…経費を精算する。
・清算…過去《かこ》を清算する。

答えは95ページ

LESSON 72

漢字を書こう

正解 14問中 ／ 合格 11問 ／ 問

月　日

① □《せい》のつく料理。

② ヒノキの□《みき》。

③ □《つみ》をつぐなう。

④ □□《ふんまつ》洗剤《せんざい》。

⑤ □□□《しょくいんしつ》。

⑥ 動物園の□《ぞう》。

⑦ □□《こなゆき》がふる。

⑧ □□《せいりょく》的な人。

⑨ □□《きしょう》の変化。

⑩ □□□《こむぎこ》。

⑪ 忘年会《ぼうねんかい》の□□《かんじ》。

⑫ □□《しょくぎょう》体験。

⑬ □□《はんざい》を防ぐ。

⑭ □□□《しんかんせん》。

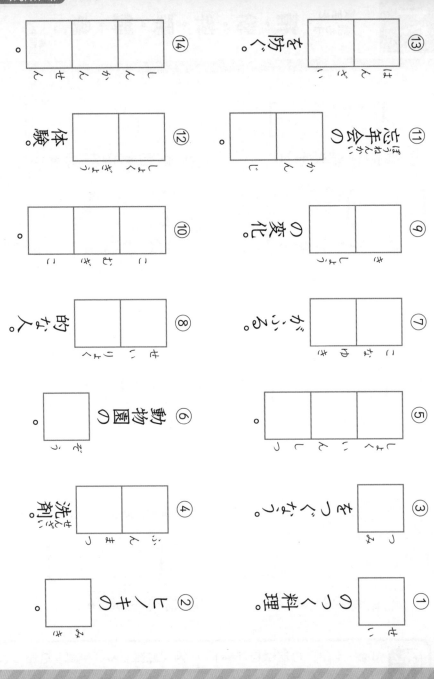

LESSON 73

漢字を読もう　禁・示・祖・断・毒・比

正解 12問中　問　合格 10問

① 外出を禁じる。［　　］

② 父は、禁酒した。［　　］

③ やり方を示す。［　　］

④ 日程を告示する。［　　］

⑤ 茶道の元祖。［　　］

⑥ 祖国へ帰りたい。［　　］

⑦ 断りを入れる。［　　］

⑧ 一時的に断水する。［　　］

⑨ 気の毒に思う。［　　］

⑩ 料理の毒味をする。［　　］

⑪ 長さを比べる。［　　］

⑫ 二人を対比する。［　　］

チェックポイント

「示」（しめす）、「ネ」（しめすへん）は、神様や祭りに関係があることを表します。

「比」の筆順は、「﹅→ヒ→ヒ→比」です。

答えは95ページ

LESSON 74

漢字を書こう

正解 14問中　　問／合格 11問　　月　　日

① いらいを（　　）《ことわる》。

② □□□《そふぼ》。

③ 目的地を（　　）《しめす》。

④ □□《おうだん》歩道。

⑤ □《どく》きのこ。

⑥ 力を（　　）《くらべる》。

⑦ アユ漁の□□《かいきん》。

⑧ 男女の□□《ひりつ》。

⑨ 立ち入り□□《きんし》。

⑩ 野菜の□□《だんめん》。

⑪ 値段《ねだん》の□□《ひょうじ》。

⑫ 人類の□□《そせん》。

⑬ □□□《しょくちゅうどく》。

⑭ 男子□□《きんせい》。

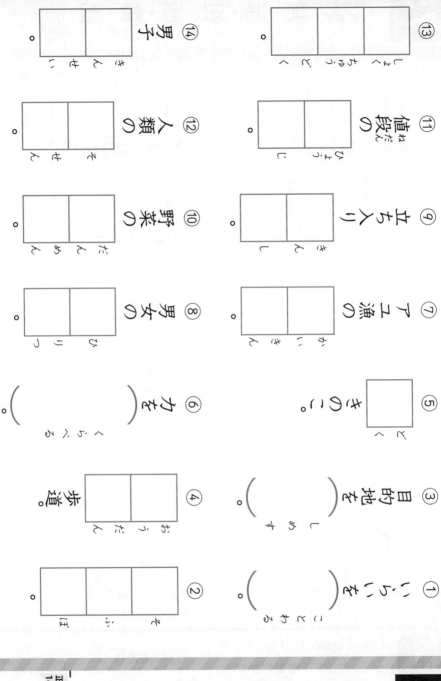

LESSON 75

漢字を読もう　独・犯・状・営・航・殺

正解　12問中　問　合格10問

①　独り言が多い。　[　　　]

②　これは独自の考えだ。　[　　　]

③　犯行を否《ひ》認《にん》する。　[　　　]

④　共犯のうたがい。　[　　　]

⑤　屋根の形状。　[　　　]

⑥　命に別状はない。　[　　　]

⑦　日々の営み。　[　　　]

⑧　テントを設営する。　[　　　]

⑨　太平洋を航海する。　[　　　]

⑩　一日二便運航している。　[　　　]

⑪　害虫を殺す。　[　　　]

⑫　殺人的な暑さだ。　[　　　]

チェックポイント

「犭」(けものへん)、「犬」(いぬ)は、動物や動物の性質に関係があることを表します。

「状」の部首は、右側の部分の「犬」(いぬ)です。注意しましょう。

答えは95ページ

LESSON 76

漢字を書こう

正解 14問中　問　合格 11問　月　日

① □□□《あんないじょう》。

② □□《ぼうはん》カメラ。

③ □□《どくとく》な声。

④ □□《しえい》住宅《じゅうたく》。

⑤ □□《さっき》立つ。

⑥ （　　《ひとり》）立ちする。

⑦ 店の□□《えいぎょう》時間。

⑧ □□□《こうくうき》。

⑨ （　　《ころし》）文句。

⑩ □□《しょうじょう》の授与《じゅよ》。

⑪ 健康□□《じょうたい》。

⑫ 黒船の□□《らいこう》。

⑬ □□□《はんざいしゃ》。

⑭ パン屋を（　　《いとなむ》）。

漢字を読もう 鉱・銅・製・複・益・眼

正解 12問中　　問　合格 10問

① 鉱脈を発見する。［　　　　］

② 金鉱をほり当てる。［　　　　］

③ 十円玉は、銅貨だ。［　　　　］

④ 上皿天びんと分銅。［　　　　］

⑤ 文集を製本する。［　　　　］

⑥ パンの製法をたずねる。［　　　　］

⑦ 資料を複写する。［　　　　］

⑧ トンボの目は複眼だ。［　　　　］

⑨ 有益な助言だ。［　　　　］

⑩ 損益を算出する。［　　　　］

⑪ 眼下に望む広い海。［　　　　］

⑫ 一日二回点眼する。［　　　　］

チェックポイント

「鉱」「銅」の部首の「釒」(かねへん)は、金属《きんぞく》に関係があることを表します。

「複」の部首は「衤」(ころもへん)です。「礻」(しめすへん)としないよう注意しましょう。

答えは95ページ

LESSON 78

漢字を書こう

月　日

正解 14問中　問　合格 11問

① □□□《てっこうせき》。

② □□《どうぞう》の下で待つ。

③ □□《もくせい》の家具。

④ 多大な□□《りえき》。

⑤ □□《ふくごう》競技。

⑥ するどい□□《がんこう》。

⑦ 絵画の□□《ふくせい》。

⑧ □□《たんこう》を掘《ほ》る。

⑨ □□《むえき》な争い。

⑩ □□《がんか》に行く。

⑪ □□《せいぞう》工程。

⑫ □□《ふくざつ》な仕組み。

⑬ □□□《ほうがんし》。

⑭ □《どう》メダル。

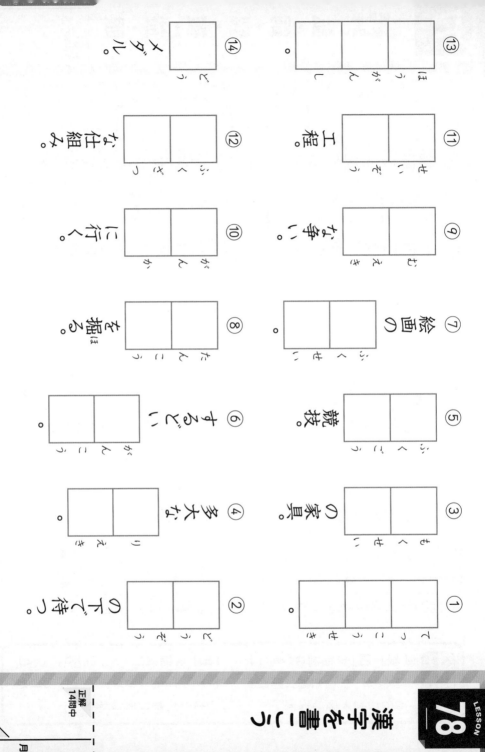

LESSON 79

漢字を読もう 居・属・厚・序・支・版・現

正解 12問中 ＿問　合格 10問

① 居間でくつろぐ。 [　　]

② アパートの居住者。 [　　]

③ 金属加工をほどこす。 [　　]

④ 新ぶしょに配属される。 [　　]

⑤ 寒いので厚着をする。 [　　]

⑥ 書物の序文を読む。 [　　]

⑦ 人を支える仕事。 [　　]

⑧ 交通費を支給する。 [　　]

⑨ 再版された本。 [　　]

⑩ 図版を引用する。 [　　]

⑪ 太陽が現れる。 [　　]

⑫ 現実のできごとだ。 [　　]

チェックポイント

「尸」は(かばね・しかばね)、「厂」は(がんだれ)、「广」は(まだれ)が部首名です。

・厚い…厚い本。(「うすい」の反対)
・熱い…熱い湯。(「冷たい」の反対)
・暑い…暑い夏。(「寒い」の反対)

答えは95ページ

LESSON 80 漢字を書こう

月　日

正解 14問中　問　合格 11問

① □《じょ》の口だ。

② □□《てんきょ》はがき。

③ □□《あつがみ》工作。

④ □□《げんだい》社会。

⑤ （　　）《あつい》辞書。

⑥ 年功□□《じょれつ》。

⑦ □□《ちょくぞく》の部下。

⑧ □□《はんが》の作品。

⑨ 一家を（　　）《ささえる》。

⑩ 自然□□《げんしょう》。

⑪ 国を□□《しはい》する。

⑫ 正体を（　　）《あらわす》。

⑬ □□□《いばしょ》。

⑭ 楽団に□□《しょぞく》する。

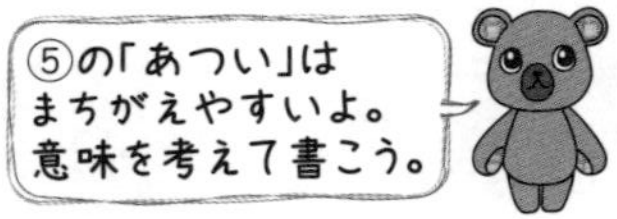

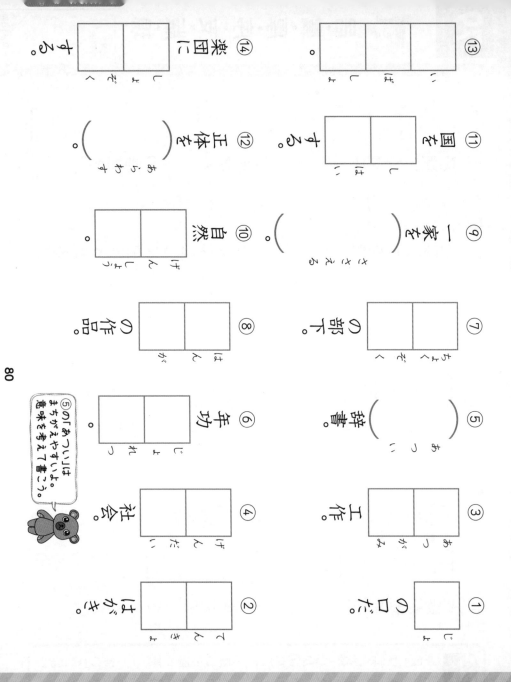

⑤の「あつい」は
まちがえやすいよ。
意味を考えて書こう。

まとめテスト ⑪

1 次の――線の読み方を書きましょう。

① 商店街で　精肉店を　営む。

② 貿易業で　大きな　財産を　成す。

③ となりの　国との　境界を　示す　目印。

④ 他国の　領海で　船舶《せんぱく》が　航行できる　権利《けんり》。

2 次の漢字を書きましょう。

① □□《ぜんがく》を□□《げんきん》ではらう。

② □□《そぼ》に□□《あつで》のセーターをおくる。

③ □《どう》は□□《こうぶつ》の一種である。

④ 使いやすさに□□《ちゃくがん》した電化□□《せいひん》。

⑤ □□□《さっぷうけい》な部屋は□□□《いごこち》が悪い。

答えは95ページ

LESSON 82

まとめテスト ⑫

正解 18問中 問 合格15問

月 日

1 次の——線の読み方を書きましょう。

① 枝を［　］太く　する　ために　肥料を［　］まく。

② 独身の［　］男女を　対象に［　］した　アンケート。

③ 複数の［　］人気作家を　かかえる　出版社。［　］

④ 罪を［　］白状する。［　］

2 次の漢字を書きましょう。

① □□《ゆだん》は□□《きんもつ》だ。

② 雑誌《ざっし》の□□□《へんしゅうぶ》に□□《はいぞく》される。

③ この歯みがき□《こ》の□□《ようりょう》は一〇〇グラムだ。

④ 前年度と今年度の□□《りえき》を（くらべる）。

⑤ やりくりをして家計を（ささえる）□□《しゅふ》。

仕上げテスト①

正解 18問中 合格 15問 問

1 次の——線の読み方を書きましょう。

① 講演会の講師［　　］として招［　　］かれた。

② かんとくの目に留［　　］まり、高く評価［　　］される。

③ 本の初版［　　］は売り切れ、増刷［　　］が決定した。

④ 身の周りを清潔［　　］に保［　　］つ。

2 次の漢字を書きましょう。

① 新人の□□《けんしゅう》を（　　《まかせる》）。

② 三代続く□□《あくせい》を打ち（　　《やぶる》）。

③ 二つの□□《せつび》はつくりが（　　《にている》）。

④ □□《ゆそう》中に馬が（　　《あばれる》）と危《き》険《けん》だ。

⑤ □□《ぜつぼう》せずに、高い□《こころざし》をもってほしい。

答えは96ページ

LESSON 84

仕上げテスト ②

正解 18問中　合格 15問　問　月　日

1 次の——線の読み方を書きましょう。

① 弁護士［　　］以外は接見［　　］できない。

② 中国史［　　］からたくさんの故事成語［　　］を学ぶ。

③ 気管支［　　］のえんしょうによく効［　　］く薬。

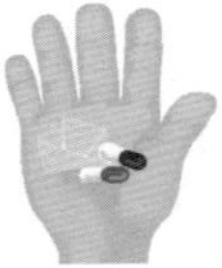

④ 木材を燃［　　］やすと、二酸化炭素［　　］が発生する。

2 次の漢字を書きましょう。

① □□《じゅんじょ》立てて意見を（　　）《のべる》。

② □《めん》の□□《もうふ》は、うすくて軽い。

③ □□《ほうさく》を願いながら、畑を（　　）《たがやす》。

④ □□《ゆうえき》な□□《ちしき》を身につける。

⑤ 健康□□□《ほけんしょう》を□□《ていじ》する。

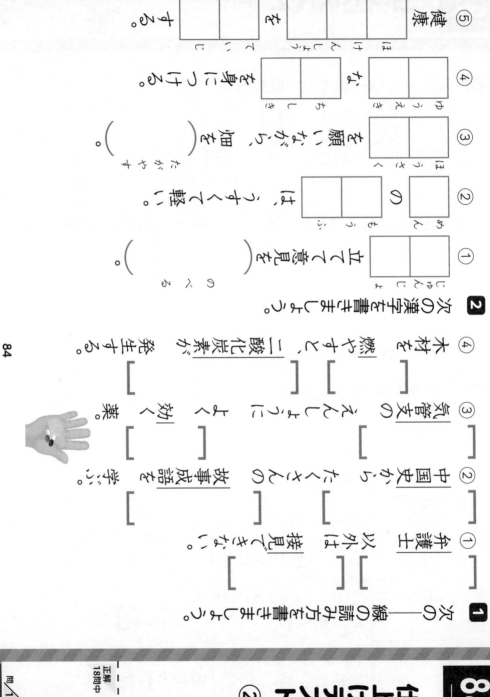

LESSON 85

仕上げテスト ③

正解 18問中　問　合格 15問

1 次の――線の読み方を書きましょう。

① 混雑［　］して いる 場所では、迷子［　］に なりやすい。

② 災害［　］からの 復興［　］が 進む。

③ 術後［　］の 経過［　］は、良好で ある。

④ 因果応報［　］と いう 言葉は、仏教［　］に 由来する。

2 次の漢字を書きましょう。

① □《ひたい》を（　　）《よせて》話し合う。

② □□《せんぞ》代々の□《はか》を存続《そんぞく》させる。

③ 超《ちょう》□□《こがた》探査機《たんさき》が金星のなぞを□□《かいめい》した。

④ □《ゆめ》がかなって、（　　）《よろこぶ》子ども。

⑤ □□《かせん》の水量が（　　）《ます》。

答えは96ページ

LESSON 86

仕上げテスト ④

正解 18問中 　問　合格 15問　月　日

1 次の――線の読み方を書きましょう。

① 社会の 情勢の 変移を 見極める。 ［　］［　］［　］

② その 幹線道路の 完成は、再来年に なる。 ［　］［　］［　］

③ 今、合唱団では 混声三部合唱曲を 練習中だ。 ［　］［　］

④ 採光と 通風を 考慮《こうりょ》して 設計された 家。 ［　］［　］［　］

2 次の漢字を書きましょう。

① 実行すべきかどうかを □□《てきせつ》 に □□《はんだん》 する。

② この船出は □□《れきし》 的な □□《こうかい》 になるだろう。

③ □□《じゅぎょう》 の始まりを（　　）《つげる》チャイム。

④ □□《かふん》 の飛散量を □□《よそく》 する。

⑤ □□□《きゅうせいしゅ》 が（　　）《あらわれる》。

仕上げテスト ⑤

1 次の――線の読み方を書きましょう。

① 神経質［　　］な 自分の 性格［　　］を 変えたい。

② 葉桜［　　］に なると、 夏が 程［　　］なく 来るだろう。

③ 眼球［　　］の はたらきと 構造［　　］に ついて 学ぶ。

④ 仮説［　　］を 立証［　　］する ために 実験する。

2 次の漢字を書きましょう。

① □□《むざい》の□□《はんけつ》が下される。

② □□《しざい》置き場として土地を（　　）《かす》。

③ 建物の□《き》礎《そ》を（　　）《きずく》。

④ （　　）《あまった》小遣《こづか》いは□□《ちょきん》しよう。

⑤ 患者《かんじゃ》の□《みゃく》を（　　）《はかる》。

答えは96ページ

LESSON 88

仕上げテスト ⑥

正解 18問中　　問　合格 15問　　月　　日

1 次の――線の読み方を書きましょう。

① 駅前には、有名な［　　］武士の［　　］銅像が［　　］ある。［　　］

② 要領を［　　］さっぱり［　　］得ない［　　］質問だ。［　　］

③ 父は、財務省に［　　］三十年［　　］在任して［　　］いる。［　　］

④ 負担《ふたん》を［　　］減らす［　　］ため、手続きを［　　］省略する。［　　］

2 次の漢字を書きましょう。

① 天下［　　］《とういつ》へと（　　）《みちびく》。

② ［　　］《ぼうさい》グッズを［　　］《じょうび》する。

③ ［　　］《ぎゃっきょう》に負けない強い［　　　］《せいしんりょく》の持ち主。

④ 病室に入る［　］《さい》は、必ず手や指を［　　］《しょうどく》する。

⑤ ［　　　］《びじゅつひん》を見る目が（　　）《こえる》。

答え

①
1 ①はじ・おおさか　②もっと・ほうほう　③とも・なかま　④きかい・うしな
2 ①沖縄・結ぶ　②実験・試みる　③海水浴・約束　④説明・省く　⑤成長・願う

②
1 ①きゅうしょく・のこ　②ゆうはん・や　③じゅうようせい・となる　④あつ・さ
2 ①灯台・目印　②料理・手順　③梅・種　④牧場・産まれる　⑤会議・司会

③
1 ①み・か　②だいじん・は　③はつが・かんさつ　④そうこ・お
2 ①野菜・量る　②栄養・治す　③目標・努力　④千円札・印刷　⑤海辺・散歩

④
1 ①れいだい・あ　②わか・きせつ　③せっきょくてき・さんか　④ぎょこう・みんしゅく
2 ①戦い・敗れる　②卒業・祝う　③昨夜・続く　④協力・旗　⑤博物館・案内

⑤
1 ①じどう・つら　②かがみ・あらた　③にせたい・た　④な・わら

2 ①希望・伝える　②愛用・辞典　③機械・便利　④孫・養う　⑤週末・海水浴

⑥
1 ①いじょう・はたら　②こうさてん・うせつ　③なふだ・しめい　④じゅんばん・ちゃくせき
2 ①建てる・一兆　②英単語・覚える　③天候・変化　④徒競走・二位　⑤児童・借りる

⑦
①かり　②かだい　③ぶっか　④ていか　⑤けんすう　⑥ようけん　⑦さんこ　⑧こべつ　⑨に　⑩そらに　⑪おさ　⑫しゅうり

⑧
①仮　②価　③個人　④似る　⑤高価　⑥案件　⑦修める　⑧個室　⑨似顔絵　⑩必修　⑪仮面　⑫個数　⑬修正　⑭事件

⑨
①せきぞう　②がぞう　③ていしゃ　④ちょうてい　⑤まか　⑥ちゃくにん　⑦そな　⑧しゅび　⑨ほとけ　⑩ねんぶつ　⑪たも　⑫ほいくじょ(しょ)

⑩
①仏　②像　③予備日　④停電　⑤大仏　⑥任せる　⑦保温　⑧備品　⑨任命　⑩保つ　⑪停止　⑫備える　⑬想像　⑭保健室

⑪ ①す ②つうか ③さか ④さか
⑤ぎゃくてん ⑥の ⑦きじゅつ
⑧つく ⑨ぞうか ⑩てきとう
⑪さいてき ⑫まよ

⑫ ①逆 ②迷う ③述語 ④適用
⑤逆らう ⑥述べる ⑦過去
⑧適度 ⑨過ごす ⑩造る ⑪逆流
⑫過ぎる ⑬建造 ⑭過半数

⑬ ①おうらい ②うおうさおう
③え ④とくい ⑤ふくしゅう
⑥しゅうふく ⑦こた ⑧そうおう
⑨こころざ ⑩こころざし
⑪たいし ⑫せいたい

⑭ ①応用 ②志す ③復帰 ④志望
⑤応える ⑥得る ⑦往復 ⑧態度
⑨得点 ⑩事態 ⑪志 ⑫形態
⑬往年 ⑭説得力

ポイント 「志」には、「こころざし」「こころざ(す)」の二通りの訓読みがあります。

⑮ ①こころよ ②かいしょう ③な
④しゅうかん ⑤なさ ⑥しんじょう
⑦せいべつ ⑧ちせい
⑨ふたた ⑩さいかい ⑪さらいしゅう
⑫ひこう

ポイント ⑩「再会」と同じ読みの「再開」に注意しましょう。「再開」は、「中断《ちゅうだん》していたものを再び始めること」という意味です。

⑯ ①女性 ②再度 ③非礼 ④慣れる
⑤情け ⑥天性 ⑦愛情
⑧快い ⑨再び ⑩慣用句 ⑪友情
⑫非道 ⑬快晴 ⑭再来年

---

⑰ **1** ①かり・す ②たんか・せんこ
③ぎゃくほうこう・まよ
④しゅうがく・ぶつぞう
2 ①往年・応 ②主任・再び
③表情・似ている ④事態・備える
⑤快適・保つ

⑱ **1** ①こころざ・じょうねつ ②りせい・かんじょう ③すうけん・こた ④とくてん・さいど
2 ①非・停止 ②予備・保有
③慣れた・任せる ④建造物・復元
⑤習慣・述べる

ポイント **2** ②「保有」とは、「自分のものとして持つ」ということです。

⑲ ①くうきあつ ②ていきあつ
③きち ④ききん ⑤こがた
⑥てんけいてき ⑦あ ⑧ざいじゅう
⑨どうどう ⑩ぶつどう
⑪はか ⑫ぼぜん

⑳ ①基 ②定型 ③圧 ④型 ⑤本堂
⑥墓 ⑦食堂 ⑧在る ⑨基地
⑩在校 ⑪実在 ⑫新型
⑬墓地 ⑭血圧

ポイント ②「定型」は「決まった形」、「定形」は「一定の形」という意味です。

㉑ ①そくほう ②ほうふく ③さかいめ
④へんきょう ⑤きんいつ
⑥きんせい ⑦ま ⑧ふ ⑨ぞうだい
⑩こうさ ⑪じょうれい
⑫しんじょう

㉒ ①境 ②急増 ③増える ④査定 ⑤報道 ⑥平均台 ⑦条約 ⑧国境 ⑨増す ⑩条件 ⑪情報 ⑫調査 ⑬均等 ⑭増やす

㉓ ①げんえき ②えきか ③えんげい ④しゅつえん ⑤かわ ⑥うんが ⑦こうけつ ⑧へ ⑨はんげん ⑩ま ⑪こ ⑫こんどう

㉔ ①河口 ②血液 ③混合 ④潔白 ⑤減少 ⑥混ざる ⑦演出 ⑧液体 ⑨演説 ⑩減る ⑪銀河 ⑫主演 ⑬清潔 ⑭混む

ポイント ④「潔白」とは、「心や行いがきれいである」ということです。

㉕ ①すいじゅん ②きじゅん ③はか ④よそく ⑤はっかん ⑥かんこう ⑦せいし ⑧せいさく ⑨げんそく ⑩こうそく ⑪はんめい ⑫おおばん

ポイント ⑧芸術作品などをつくる場合は「制作」、実用的なものをつくる場合は「製作《せいさく》」を用います。

㉖ ①小判 ②標準 ③測定 ④強制 ⑤法則 ⑥測量 ⑦週刊 ⑧準備 ⑨判定 ⑩制度 ⑪朝刊 ⑫反則 ⑬体制 ⑭測る

㉗ ①き ②ゆうこう ③いきお ④せいりょく ⑤つと ⑥にんむ ⑦はいいん ⑧よういん ⑨かこ ⑩ほうい ⑪だんち ⑫だんけつりょく

㉘ ①周囲 ②運勢 ③団体戦 ④効力 ⑤勢い ⑥因果 ⑦事務 ⑧効く ⑨集団 ⑩原因 ⑪業務 ⑫勢 ⑬囲む ⑭務める

ポイント ⑥「因果」とは、「原因と結果」のことです。

㉙ **1** ①おおがた・えき ②きちょう・せいけつかん ③あ・かわ ④こうほう・はっかん

2 ①墓・囲む ②勢い・圧勝 ③効果的・演出 ④食堂・混む ⑤団長・務める

㉚ **1** ①はんじ・ねつえん ②げんしょう・いちいん ③ちょうさ・ぞうか ④そくりょう・きょうかい

2 ①原則・制服 ②大勢・在学 ③体型・効く ④公務員・平均 ⑤混合・準

㉛ ①ゆる ②きょ ③しゅごしん ④ごそうしゃ ⑤こうどう ⑥こうどく ⑦いしき ⑧しきべつ ⑨げっしゃ ⑩しゃい ⑪しょうにん ⑫しょうげん

㉜ ①護身 ②謝礼 ③学生証 ④証明 ⑤許 ⑥常識 ⑦講習 ⑧証書 ⑨標識 ⑩講演 ⑪愛護 ⑫感謝 ⑬知識 ⑭許す

㉝ ①もう ②せつりつ ③ていひょう ④ひょうぎ ⑤えいせい ⑥しゅえい ⑦せんじゅつ

⑧わじゅつ　⑨たいぎめいぶん
⑩ゆういぎ　⑪きず　⑫けんちく

㉞
①記述　②新築　③建設　④好評
（高評）　⑤術　⑥正義　⑦設ける
⑧護衛　⑨義理　⑩設置　⑪芸術
⑫築く　⑬評判　⑭自衛隊

㉟
①とくぎ　②ぎりょう　③と
④さいしゅ　⑤じゅしょう
⑥きょうじゅ　⑦てまね　⑧しょ
うしゅう　⑨かんせつてき
⑩せっせん　⑪そん　⑫けっそん

㊱
①競技　②伝授　③損失　④招く
⑤接近　⑥採用　⑦授業　⑧招待
⑨面接　⑩損　⑪採る　⑫接続
⑬演技　⑭採集

㊲
①ぜんてい　②ていき　③すく
④きゅうじょ　⑤こい　⑥ここく
⑦せいふ　⑧ぎょうせい　⑨ぶ
じゅつ　⑩むしゃ　⑪ぜんれき
⑫れきぜん

㊳
①故人　②政治　③提出　④学歴
⑤武力　⑥救う　⑦文武　⑧救命
⑨歴代　⑩家政　⑪救急車　⑫武
者　⑬提案　⑭事故

ポイント　⑫「武者ぶるい」とは、「大事な場面を目の前にして、興奮して体がふるえること」です。

㊴
①ふか　②か　③よろこ　④き
しょくまんめん　⑤くしゅう
⑥せっく　⑦つ　⑧よこく　⑨しじ
つ　⑩しじょう　⑪めいし　⑫しき

㊵
①許可　②語句　③可決　④告白
⑤喜　⑥歴史　⑦文句　⑧運転士
⑨告げる　⑩兵士　⑪句読点
⑫日本史　⑬喜び　⑭広告

ポイント　⑤「喜劇」とは、「人を笑わせることを目的とした演劇」などのことです。反対語は「悲劇」です。

㊶
1 ①きょうじゅ・さいよう
②ひょうしき・せっち　③せい
じか・きず　④そんしつ・まね
2 ①世界史・受講　②句・品評
③武器・許さ　④技術・特許
⑤故人・告げる

㊷
1 ①よろこ・しょうたい　②りょ
うしき・しせい　③ぎこうし・
ぎし　④しょうめいしょ・てい
しゅつ
2 ①手術・救う　②救護所・仮設
③直接・月謝　④歴史・設ける
⑤衛生・不可欠

㊸
①きこうぶん　②ふうきいいん
③へ　④けいゆ　⑤お　⑥そしき
⑦じっせき　⑧こうせき　⑨た
⑩ぜったい　⑪そうごうてき
⑫そうかい

㊹
①経験　②絶つ　③成績　④織物
⑤絶える　⑥世紀　⑦総画数
⑧絶好　⑨業績　⑩総理　⑪経る
⑫組織　⑬紀元　⑭織る

ポイント　③「成績」の「績」を「積」としないように注意しましょう。

㊺ ①けっとうしょ ②せいとう ③あ ④さいへん ⑤わたげ ⑥めんか ⑦そよう ⑧へいそ ⑨みちび ⑩どうにゅう ⑪ゆけつ ⑫ゆにゅう

㊻ ①綿 ②統計 ③素材 ④導く ⑤輸送 ⑥短編 ⑦編む ⑧運輸 ⑨伝統 ⑩伝導 ⑪元素 ⑫綿 ⑬指導 ⑭編集

㊼ ①さくら ②やまざくら ③かくげん ④しっかく ⑤けんおん ⑥しゃけん ⑦かま ⑧こうない ⑨えだ ⑩えだみち ⑪ゆた ⑫ほうりょう

㊽ ①価格 ②構成 ③格式 ④夜桜 ⑤枝 ⑥構える ⑦検定 ⑧豊か ⑨桜 ⑩構図 ⑪豊作 ⑫構う ⑬小枝 ⑭点検

㊾ ①うつ ②いどう ③ぜいきん ④かんぜい ⑤ていど ⑥かてい ⑦りょうし ⑧してい ⑨つね ⑩へいじょうしん ⑪ぬのじ ⑫こうふ

㊿ ①音程 ②移す ③税関 ④非常口 ⑤布 ⑥医師 ⑦移転 ⑧常 ⑨税 ⑩毛布 ⑪日常 ⑫配布 ⑬日程 ⑭技師

51 ①けわ ②ほけん ③かぎ ④げんかい ⑤こうさい ⑥さいげん ⑦ふせ ⑧ぼうび ⑨せんさい ⑩てんさい ⑪も ⑫ねんしょう

52 ①限り ②国際 ③険悪 ④災害 ⑤予防 ⑥不燃 ⑦限定 ⑧実際 ⑨制限 ⑩防ぐ ⑪燃やす ⑫防寒具 ⑬険しい ⑭門限

53 **1** ①はんどうたい・こうてい ②お・ぬの ③さくら・かくべつ ④つね・かま
2 ①総合・成績 ②綿・編む ③経路・絶つ ④消防・火災 ⑤検事・険しい

ポイント **1** ①「工程」とは、「作業の順序《じゅんじょ》」のことです。「道のり」という意味の「行程」との使い分けに注意しましょう。

54 **1** ①うつ・えだ ②ぜんぺん・とうごう ③ようりょくそ・けんしゅつ ④はんせいき・へ
2 ①燃料・輸入 ②限り・防ぐ ③税金・期限 ④教師・導く ⑤豊かな・絶景

55 ①じがじさん ②きょうさん ③とうし ④ぶっし ⑤ほんしつ ⑥ひんしつ ⑦にゅうしょう ⑧しょうきん ⑨せ ⑩もんせき ⑪か ⑫まが

56 ①質素 ②貸す ③資料 ④資格 ⑤賛成 ⑥責任感 ⑦自責 ⑧貸し ⑨資本 ⑩賞 ⑪賞品 ⑫質実 ⑬責める ⑭絶賛

ポイント ⑫「質実剛健《しつじつごうけん》」とは、「かざり気がなく真面目で、強くてたくましいこと」です。

㊼ ①ひょう ②しゅっぴ ③まず ④びん ⑤ぼう ⑥ざいりょく ⑦ぶんかざい ⑧ちょ ⑨ちょすい ⑩ひき ⑪ばいりつ ⑫のうりつ

㊽ ①貯 ②貧 ③率いる ④貯金箱 ⑤財 ⑥光熱費 ⑦貿 ⑧率 ⑨財政 ⑩消費税 ⑪食費 ⑫効率 ⑬貧しい ⑭財産

㊾ ①やさ ②えきしゃ ③へいい ④きゅうち ⑤あば ⑥おうぼう ⑦と ⑧ほりゅう ⑨るす ⑩りゃくず ⑪なが ⑫えいじゅう

㊿ ①貿易 ②旧式 ③省略 ④留守番 ⑤暴れる ⑥永く ⑦安易 ⑧永世 ⑨戦略 ⑩留学生 ⑪暴風 ⑫易しい ⑬旧 ⑭留める

61 ①かべん ②とうべん ③さんみ ④さんせいう ⑤ざつおん ⑥ぞう ⑦か ⑧しりょう ⑨きてい ⑩きやく ⑪ゆきど ⑫かいたい

62 ①炭酸 ②雑木林 ③解く ④弁明 ⑤飼う ⑥新規 ⑦定規 ⑧解消 ⑨飼育 ⑩規格 ⑪酸化 ⑫雑草 ⑬弁当 ⑭雑貨

63 ①たし ②かくじつ ③やぶ ④そうは ⑤あま ⑥よめい ⑦えきしゃ ⑧ぎゅうしゃ ⑨ゆめ ⑩むちゅう ⑪ひさ ⑫えいきゅう

64 ①明確 ②破れる ③確信 ④余る ⑤校舎 ⑥夢 ⑦余白 ⑧持久力 ⑨悪夢 ⑩官舎 ⑪久し ⑫破格 ⑬余力 ⑭確か

65 ①のうどうてき ②かのう ③こ ④こえ ⑤ひだいか ⑥どうみゃく ⑦しんこう ⑧いっきょう ⑨たがや ⑩のうこう ⑪は ⑫しゅちょう

66 ①耕す ②出張 ③能率 ④余興 ⑤肥やす ⑥張る ⑦山脈 ⑧張力 ⑨肥満 ⑩才能 ⑪本能 ⑫耕作 ⑬脈 ⑭興行

67 **1** ①ぼういんぼうしょく・りゅうい ②だは・ゆめ ③しきん・かくほ ④きゅうかん・しゅくしゃ

2 ①人脈・財産 ②円周率・解く ③有能・率いる ④肥料・耕す ⑤貯金・貧しい

ポイント **1** ①「暴飲暴食」とは、「むやみに飲食すること」です。

68 **1** ①ひさ・ざつだん ②か・ひよう ③か・せきむ ④えいねん・しょうさん

2 ①弁解・余地 ②易しい・質問 ③貿易・規則 ④張る・興味 ⑤酸素・確かめる

ポイント **2** ①「余地」とは、「物事を行ったりできるだけのゆとり」のことです。

69 ①よ ②きこう ③ようき ④ほうようりょく ⑤ひたい ⑥さがく ⑦りょうゆう ⑧ほんりょう

⑨つま ⑩さいし ⑪ふじんふく ⑫かせいふ

70 ①寄せる ②新婦 ③良妻 ④金額 ⑤寄り ⑥妻 ⑦領土 ⑧容易 ⑨額 ⑩愛妻家 ⑪内容 ⑫大統領 ⑬額 ⑭寄付

71 ①せいまい ②せいさん ③こな ④こ ⑤かふん ⑥みき ⑦かんぶ ⑧つみ ⑨ざいあくかん ⑩しょくむ ⑪ぞう ⑫じしょう

72 ①精 ②幹 ③罪 ④粉末 ⑤職員室 ⑥象 ⑦粉雪 ⑧精力 ⑨気象 ⑩小麦粉 ⑪幹事 ⑫職業 ⑬犯罪 ⑭新幹線

73 ①きん ②きんしゅ ③しめ ④こくじ ⑤がんそ ⑥そこく ⑦ことわ ⑧だんすい ⑨どく ⑩どくみ ⑪くら ⑫たいひ

74 ①断る ②祖父母 ③示す ④横断 ⑤毒 ⑥比べる ⑦解禁 ⑧比率 ⑨禁止 ⑩断面 ⑪表示 ⑫祖先 ⑬食中毒 ⑭禁制

75 ①ひと ②どくじ ③はんこう ④きょうはん ⑤けいじょう ⑥べつじょう ⑦いとな ⑧せつえい ⑨こうかい ⑩うんこう ⑪ころ ⑫さつじんてき

76 ①案内状 ②防犯 ③独特 ④市営 ⑤殺気 ⑥独り ⑦営業 ⑧航空機 ⑨殺し ⑩賞状 ⑪状態 ⑫来航 ⑬犯罪者 ⑭営む

77 ①こうみゃく ②きんこう ③どうか ④ふんどう ⑤せいほん ⑥せいほう ⑦ふくしゃ ⑧ふくがん ⑨ゆうえき ⑩そんえき ⑪がんか ⑫てんがん

78 ①鉄鉱石 ②銅像 ③木製 ④利益 ⑤複合 ⑥眼光 ⑦複製 ⑧炭鉱 ⑨無益 ⑩眼科 ⑪製造 ⑫複雑 ⑬方眼紙 ⑭銅

79 ①いま ②きょじゅうしゃ ③きんぞく ④はいぞく ⑤あつぎ ⑥じょぶん ⑦ささ ⑧しきゅう ⑨さいはん ⑩ずはん ⑪あらわ ⑫げんじつ

80 ①序 ②転居 ③厚紙 ④現代 ⑤厚い ⑥序列 ⑦直属 ⑧版画 ⑨支える ⑩現象 ⑪支配 ⑫現す ⑬居場所 ⑭所属

ポイント ①「序の口」とは、「物事が始まったばかりであること」です。

81 **1** ①せいにくてん・いとな ②ぼうえきぎょう・ざいさん ③きょうかい・しめ ④りょうかい・こうこう

2 ①全額・現金 ②祖母・厚手 ③銅・鉱物 ④着眼・製品 ⑤殺風景・居心地

ポイント **2**⑤「殺風景」とは、「単調でおもしろみのない様子」のことです。

82 **1** ①えだ・ひりょう ②どくしん・たいしょう

③ふくすう・しゅっぱんしゃ　④つみ・はくじょう

2 ①油断・禁物　②編集部・配属　③粉・容量　④利益・比べる　⑤支える・主婦

㉝

1 ①こうし・まね　②と・ひょうか　③しょはん・ぞうさつ　④せいけつ・たも

2 ①研修・任せる　②悪政・破る　③設備・似ている　④輸送・暴れる　⑤絶望・志

㉞

1 ①べんごし・せっけん　②ちゅうごくし・こじせいご　③きかんし・き　④も・にさんかたんそ

2 ①順序・述べる　②綿・毛布　③豊作・耕す　④有益・知識　⑤保険証・提示

ポイント **1**① 「接見」とは、「被疑者《ひぎしゃ》や被告人と弁護士が面会すること」です。

㉟

1 ①こんざつ・まいご　②さいがい・ふっこう　③じゅつご・けいか　④いんがおうほう・ぶっきょう

2 ①額・寄せて　②先祖・墓　③小型・解明　④夢・喜ぶ　⑤河川・増す

ポイント **1**④ 「因果応報」とは、「過去の行いなどに応じて、必ずそれ相応の報いがあるということ」です。

㊱

1 ①じょうせい・へんい　②かんせんどうろ・さらいねん　③がっしょうだん・こんせい　④さいこう・せっけい

2 ①適切・判断　②歴史・航海　③授業・告げる　④花粉・予測　⑤救世主・現れる

㊲

1 ①しんけいしつ・せいかく　②はざくら・ほど　③がんきゅう・こうぞう　④かせつ・りっしょう

2 ①無罪・判決　②資材・貸す　③基・築く　④余った・貯金　⑤脈・測る

㊳

1 ①ぶし・どうぞう　②ようりょう・え　③ざいむしょう・ざいにん　④へ・しょうりゃく

2 ①統一・導く　②防災・常備　③逆境・精神力　④際・消毒　⑤美術品・肥える

ポイント **2**⑤ 「目が肥える」とは、「よいものを見慣れて、ものの良し悪しがわかる」という意味をもつ慣用句です。